# 심리상담
# 사례 분석의 실제

# 심리상담 사례 분석의 실제

| | |
|---|---|
| 발행일 | 2026년 2월 20일 |
| 지은이 | 임향빈 |
| 펴낸이 | 손형국 |
| 펴낸곳 | (주)북랩 |

출판등록 2004. 12. 1(제2012-000051호)
주소 서울특별시 금천구 가산디지털 1로 168, 우림라이온스밸리 B동 B111호, B113~115호
홈페이지 www.book.co.kr
전화번호 (02)2026-5777         팩스    (02)3159-9637

ISBN    979-11-7598-125-6 03180 (종이책)      979-11-7598-126-3 05180 (전자책)

**작가 연락처 문의 ▸ ask.book.co.kr**

전용 게시판에 문의를 남기시면 저자에게 직접 전달됩니다.

**(주)북랩** 성공출판의 파트너

북랩 홈페이지와 SNS에서 다양한 출판 솔루션을 만나 보세요!

**홈페이지** book.co.kr    •    **블로그** blog.naver.com/essaybook    •    **출판문의** text@book.co.kr
**카톡채널** 북랩

● 마음의 고통을 치유로 이끄는 전문 심리상담가의 임상 해법 ●

# 심리상담
# 사례 분석의 실제

임향빈 지음

북랩

# 머리말

　현실의 시간과 공간 안에 살아가는 우리는 과거의 경험을 바탕으로 오늘을 살아가며, 미래에 영향을 미치게 된다. 과거와 현재는 분리할 수 없는 하나의 영역으로서 어떠한 경험을 했는가에 따라 삶의 질이 높아지기도 하고 낮아지기도 한다.

　우리 사회는 마음의 병인 우울증, 조울증, 공황장애, 경계선성격장애 등으로 어려움을 겪는 사람들이 점차 증가하고 있다. 이로 인해 묻지마 폭행, 가정폭력, 자살 등 다양한 사회문제가 대두되고 있다. 이에 대한 대안으로 '개인상담', '부부상담', '가족상담', 'EAP 기업상담' 등이 활성화되고 있는 것은 건강한 사회를 위해 바람직해 보인다. 따라서 긍정적 변화와 치유 그리고 병리현상에 대한 예방적 기능을 하고 있는 심리상담은 개개인의 삶의 질 향상과 사회 안전망 차원에서 보다 더 활성화되어야 한다.

　이 책은 심리상담을 하고 있는 상담자, 수련생, 상담에 관심 있는 분들에게 사례 분석을 이해하고 활용하는 데 도움이 될 것이다. 사례 분석을 체계적으로 이해하고 적용할 수 있도록 1부, 2부로 나뉘어져 있다. 1부에서는 심리상담의 이해에 관해서 다루고 있고, 2부에서는 사례를 통한 사례 분석을 다루고 있다.

1부에서는 1장 사례 분석과 상담, 2장 내면의 이해와 심인성, 3장 관계형성 이론의 이해에 대해 기술했다. 2부에서는 '가족의 영향과 역기능적 삶', '지난 삶의 고통에서 벗어나고 싶어요'의 두 사례를 통해 사례 분석의 이해를 돕고자 했다. 특히 두 번째 사례에서는 8회기 상담 중 7회기 상담 내용을 축어록을 게재했다.

심리상담은 내담자의 심리적·정서적·정신적 어려움의 원인이 되는 심인성질환에 대해 다루는 것이며, 이러한 상담을 하기 위해 상담자는 전문적으로 성장해야 한다. 그러려면 개념적 이해가 필요하고 주 이론의 기초가 튼튼해야 한다. 상담자가 발달한 만큼 내담자와 그 가족을 도울 수 있기에 상담자는 역량 강화를 위해 지속적인 노력을 해야 한다. 특히 회기가 짧은 단기상담에서 긍정적 변화를 이끌어 내는 과정을 통해서는 상담이 말로만 하고 끝나는 것이 아니라는 것을 알게 될 것이다.

심리상담 사례 분석의 실제

끝으로 이 책에서 제시하고 있는 관계형성 이론에 의한 상담사례와 기법, 이론적 지식이 사례 분석에 어려움을 겪고 있는 상담자, 후학 그리고 이 책을 읽는 독자들에게 도움이 되면 좋겠다.

2026년 2월

종로구 숭인동에서

임향빈

# 차례

## 2부 ·················· 심리상담 실제

# 1부

# 사례 분석과 심리상담

전문가는 말을 할 때 화자의 편의가 아닌 청자의 이해와 공감을 최우선으로 해야 한다. 글을 쓸 때도 마찬가지다. 필자 위주가 아니라, 독자가 편하게 읽을 수 있도록 해야 한다. 즉, 난해한 내용을 상대방의 눈높이에 맞춰 쉽게 풀어내는 것이 전문가의 역할이다.

# 생명의 빛

임향빈

칠흑 같은 어두움에 한 줄기 빛이 비추어진다
하늘이 열리고 땅이 솟고 대지의 활력이 넘치고
그 빛은 생명의 원천이 되고 역동의 힘이 된다

관계와 미지의 세계로 이상의 날개를 펼치고
열정과 성숙의 빛이 되어 세상을 품에 안는다
그 빛은 온 누리에 휘날리며 시공을 넘나든다

하늘과 땅과 우주의 정기를 품은 불멸의 빛이여
웅대한 기상으로 일어나라 비추어라 빛을 발하라
그 빛은 영원히 꺼지지 않는 생명의 빛이 되라

심리상담 사례 분석의 실제

## 1장

사례 분석과 상담

# 1. 사례 분석의 이해

　사례는 어떠한 일이 전에 실제로 일어난 것이며, 분석은 얽혀 있거나 복잡한 것을 풀어서 개별적인 요소나 성질로 나누는 것이다. 즉, 어떤 대상을 구성 요소로 나누어 보임으로써 확실히 이해시키는 방법이다. 심리상담에서 사례 분석은 특정 사례나 상황을 깊이 있게 분석해 그 안에서 문제 해결의 실마리를 찾거나, 쉽게 알 수 있도록 하는 것이다. 따라서 사례 분석은 제시된 사례가 있어야 하고, 분석하는 기준이 합리적이어야 하며, 그 요소가 명확히 드러나 쉽게 파악이 되어야 한다.

　초보 상담자들은 내담자의 표면적 증상이나 일상적인 사건에 연연하기 때문에 핵심 감정을 이해하지 못한다. 이와 함께 내담자의 절실한 문제에 적절한 공감을 하지 못하기에 상담 사례 분석에 어려움을 보인다. 사례 분석을 위해서는 상담 내용의 구조화인 초기, 중기, 종결기의 접근과 각 단계별로 필요한 기법의 활용에 대해 이해를 해야 한다. 이를 바탕으로 상담 과정의 변화와 효과는 어떠한지에 대해 다루어야 한다. 내담자의 핵심 감정 파악과 공감적 이해가 되기 위해서는 내담자의 말이 들려야 하며, 말속의 말을 찾고 적절한 질문을 해야 한다.

　상담 초보자가 갖는 의문점은 어렵게 배운 상담의 이론적 지식과 기법을 상담 장면에 잘 접목시키고 있는지에 대한 것이다. 내담자 중심의 상담을 해야 하는데, 초심자의 경우 이론적 배경과 임상경험의 부족으로 인해 어느새 상담자 중심의 상담을 하게 되기도 한다. 그러나 경험이 많은 상담자는 자각을 해서 내담자 중심의 상담으로 이끌어 간다. 따라서 사례 분석에 대한 개념적 이해가 되어 있지 않는다면, 사례에 대해 이해가 안 될 뿐만 아니라 접근하는 것이 어렵게 된다.

# 2. 일반상담

　인간은 홀로 살아갈 수 없으며, 다양한 관계를 맺게 된다. 가족, 친구, 학연, 자조 모임 등 희로애락(喜怒哀樂)을 함께하며 더불어 삶을 영위하고 있다. 그 과정에서 서로의 삶의 질 향상을 위해 지지하고 격려하기도 하지만 때로는 나의 의지와 관계없이 주변 상황이 흘러가면서 원치 않는 일들을 겪기도 한다. 이러한 일을 해결하기 위해 그 분야의 전문가를 찾아 도움을 받고 삶의 질을 높이기도 한다.

　일반상담은 전문 지식을 갖추고 있는 전문가가 상담을 받으러 온 사람을 면담하는 것으로서, 심리상담과는 다른 형태다. 이러한 상담은 우리 사회에 광범위하게 사용되고 있으며 일상생활에 널리 쓰이고 있다. 집을 구하거나 팔기 위해 공인중개사를 찾아가고, 금리가 높은 적금을 들거나 금리가 낮은 대출을 받기 위해서 은행의 담당 직원과 이야기를 나누는 것, 법률적 문제가 생겨 변호사를 찾아가는 것, 의사가 환자에게 문진을 하는 것 등이다. 즉, 일반상담은 상담을 하는 내용에 대해서 그 분야의 전문가가 면담을 통해 내담자가 바라는 욕구를 충족시켜 주는 것이다.

예를 들면, 어떤 사람이 금리가 높은 예금 상품을 홍보하는 현수막을 보고 은행을 찾아갔다. 자신이 가지고 있는 목돈을 일정 기간 맡겨 두어서 보다 높은 이자를 받고자 했다.

**고객**: 안녕하세요.

**은행원**: 안녕하세요. 어떻게 오셨는지요?

**고객**: 예금을 하려고 하는데 요즘 은행 이자, 금리가 어떻게 되나요.

**은행원**: 이런 상품들이 있어요. 6개월, 1년, 3년 등 여러 가지가 있는데 보통 1년 상품에 많이들 가입하고 있어요.

**고객**: 그럼 저도 1년으로 하고 싶어요. 그런데 만기 시 이자는 얼마나 받아요?

**은행원**: 1년에 이자가 (여러 상품을 보여 주며) 이 상품이 가장 높고, 연 이율이 ○퍼센트, 이렇게 되네요.

**고객**: 그럼 그것으로 예금하겠습니다. 그럼 만기 시 전체 금액은 얼마나 되나요.

**은행원**: 만기 시 금액은 이렇게 되고요. 중도 해지하시면 원금에서 손해 볼 수도 있어요.

**고객**: 예, 알겠습니다.

은행에 찾아간 고객은 가지고 있던 목돈을 조금이라도 불리고 싶은 마음에 은행원과 상담을 했다. 마음에 드는 예금 상품에 가입했으므로 욕구가 충족되었다. 은행원은 고객과의 면담을 통해 고객이 바라는 것을 파악하고 적합한 상품을 제시해 결정을 도와주게 된다. 이와 같이 일반상담은 면담을 하는 내용에 대해 전문적 지식을 갖추고 있는 사람이 기대를 갖고 찾아온 고객의 욕구를 충족시켜 주는 것이다.

심리상담 사례 분석의 실제

# 3. 심리상담

  심리상담은 정신병리학과 정신역동학을 기반으로 발전해 왔다. 다른 학문과 마찬가지로 이론의 체계를 가지고 있는 학문 분야이므로 많이 배워야 잘할 수 있다. 상담에 대한 이론과 기법 등을 배우지 않고, 이론적인 배경이나 근거가 없는 상담을 따라 한다고 해서 상담 기술이 함양되는 것은 아니다.

  숙련된 상담 기술을 습득하기 위해서는 자격을 갖춘 슈퍼바이저(supervisor)에게 이론과 실습을 통해 배울 수 있는 것이며 훈습되어야 한다. 이를 통해 자기자각을 향상시키고, 전문적인 상담 기술이나 기법을 습득한다. 이와 함께 상담 과정에 대한 이해의 폭을 확장해 내담자의 건강한 삶을 위한 기술적 지식을 습득하는 것이다. 이러한 상담을 배우기 위해 일정 기간 임상경험을 통한 수련 과정을 필요로 한다.

  심리상담은 일반상담과 달리 심인성질환으로 인해 삶의 질이 낮아진 내담자에게 상담을 통해 삶의 질이 향상되도록 조력해 주는 것이다. 단기상담에서는 긍정적 변화, 장기상담에서는 치유를 이끌어 내어야 한다. 또한 상담 회기마다 내담자가 상담에 기대하는 욕구를 충족시켜 주어야 한다.

내담자는 자신이 앓고 있는 심인성질환에 대해 스스로 해결하려고 노력하다가 증상이 악화되어 지인이나 정신과 의사의 권유를 받거나 자발적으로 상담을 받으러 오게 된다. 이러한 내담자의 무의식에 자리 잡고 있는 미해결 과제, 걸림, 핵심 감정 등에 대해 탐색 후 직면과 둔감화, 욕구강화형성, 자아존중감 향상 등을 이끌어 낸다. 이를 통해 긍정적 변화와 치유가 일어날 때, 내담자는 상담에 대한 욕구를 충족하게 된다. 그러나 상담자가 상담 과정에서 삶의 질을 낮게 하는 요인들에 대해 다루어 주지 않고 상담을 마무리하게 되면, 내담자는 상담은 말로만 하고 긍정적 변화가 나타나지 않는다고 하면서 상담받은 것에 대해 실망과 후회를 하면서 회의를 갖게 된다. 내담자는 시간과 비용을 지불하고 상담을 받는 것이기에 상담자는 내담자가 기대하는 상담욕구를 충족시켜 주어야 한다.

따라서 임상적인 문제를 다루는 상담자는 심리적·정서적·정신적 분야에 전문성을 가지고 있어야 한다. 내담자는 자신이 겪고 있는 심인성질환에 대해 도움을 받고자 상담자를 찾게 되며, 상담을 잘하는 전문가를 원한다. 상담자는 내담자가 기대하는 상담에 대한 욕구를 충족시켜 주어야 하며, 이를 위해 상담 내용을 초기, 중기, 종결기로 구조화시키고 각 단계마다 적절한 기법들을 활용해서 변화와 치유를 이끌어 내어 그의 전문성을 증명한다.

초여름 어느 날 예약한 내담자가 상담실에 왔으며, 내담자는 결혼을 앞둔 33세의 여성으로서 오래전부터 공황장애와 불안이 심해 정신과

치료를 받고 있었다. 의사가 심인성질환이므로 상담받아 보기를 권유해 인터넷 검색 후 찾아오게 되었다.

> **상담자**: 상담받으러 오기까지 쉽지 않았을 텐데요.
> **내담자**: 예……. 이전에도 상담을 여러 번 받았어요. 그때마다 도움은 되었는데 최근에 힘든 일을 겪어서요……. (눈물을 흘린다.)
> **상담자**: 많이 힘드신가 봐요.
> **내담자**: (계속 눈물을 흘리며) 예, 제가 가을에 결혼을 하려고 준비하고 있어요. 오늘 저녁에 함이 들어오는데요. 걱정이 돼서요. 보름 전에 남편 될 사람의 친구들과 저녁 식사를 하다가 갑자기 정신을 잃고 쓰러져 버린 거예요. 살아오면서 이런 일을 여러 번 겪었는데요. 사람들이 많이 모인 곳에 가면 긴장되고, 불안해지면 나도 모르게 쓰러지는 거예요. 병원 치료도 계속 받았는데도 상황은 변하지 않는 것 같아요. 오늘 저녁에 당장 함이 들어오는데 걱정이 되어서 상담을 받으러 온 거예요. 너무 걱정되고, 또 쓰러지면 어떻게 해요? (눈물을 계속 흘린다.)
> **상담자**: 아, 많이 힘드시겠어요. ("예.") 병원에서는 병명이 뭐라고 그래요?
> **내담자**: 우울증하고 공황장애 그리고 ○○○라고 해요.
> **상담자**: 그러면 약을 복용하고 있나요.
> **내담자**: 지금은 먹지 않고 있어요. 약을 먹으면 기운이 없고 무기력해지는 것 같아서요. 일상생활에 지장이 있어서……. 그래

서 지금은 먹지 않고 있어요.

상담자: 약을 먹지 않아도 괜찮은가 봐요?

내담자: 일상생활에서는 괜찮지만 사람이 많이 모이거나 방에 혼자 있을 때, 긴장하고 불안하면 나도 모르게 쓰러지거나 식은 땀이 나고 그래요. 그래도 약을 안 먹는 것이 좋을 것 같아서, 지금은 먹지 않고 있어요.

상담자: 그러면 이 상담에서 무엇이 변하면 좋을까요?

내담자: 결혼을 앞두고 있는데 결혼식장에서 쓰러지지 않고 무사히 식을 마치고, 긴장과 불안이 생기지 않고, 마음이 편해지면 좋겠어요.

상담자: 그러면 상담 목표를 사람들 많은 데서 의식을 잃고 쓰러지지 않기, 불안과 긴장 줄이고 마음을 편하게 하기로 정하겠습니다.

내담자: 예……. 오랫동안…… 항상 사람들 많은 곳에서는 긴장했는데 좋아질까요?

상담자: 좋아지려고 상담을 받으러 온 거잖아요. 영희 님(가명)은 상담을 받다 보면, 회기가 지날수록 변화에 대한 체감을 하기 시작할 거예요. 그리고 생각한 대로 이루어져요. 부정적 그림을 그리기 시작하면 부정적인 그림이 그려질 것이고, 긍정적 그림을 그리기 시작하면 긍정적 그림이 완성돼요. 그리고 상담 회기가 끝날 때마다 과제를 내줄 거예요.

내담자: 예, 알겠습니다.

위의 사례는 2023년 5월부터 시작해 10월까지 주 1회 2시간, 22회기 진행된 사례로서 내담자의 심인성질환의 치유를 위해 상담자가 적극적으로 개입하게 되었다. 필자는 과거 탐색을 통해 내담자의 긴장과 불안을 일으키는 미해결 과제와 걸림을 찾아내고, 직면을 통해 억압하고 있던 내용들을 표출하게 함으로써 둔감화 작업을 했다. 이와 함께 내담자 마음속에 자리 잡고 있는 욕구를 강화 형성해 내담자가 상담에서 바라는 기대를 충족시켜 주었다. 내담자는 양육자의 무관심 속에 성장했으며, 어린 시절 크고 작은 트라우마(trauma)를 지속적으로 경험했다. 이로 인해 성인이 된 이후에도 자아존중감이 낮고, 피해의식이 있으며, 대인관계에 어려움을 겪고 있었다.

내담자의 자아존중감을 향상시키기 위해 스스로 칭찬하기, 선물 주기, 산책하기 등 다양한 과제를 내주었다. 내담자는 과제에 대해 처음에는 회의적 생각을 했으나 회기가 지나면서 점차 변화를 체감하게 되었다. 내담자는 자아존중감이 향상되면서 불안, 긴장, 피해의식이 낮아지고, 대인관계도 향상되었다. 상담 이후 갑자기 쓰러지는 일도 없어졌으며, 불안과 긴장도 완화되어 결혼식도 무사히 마치게 되었다.

사람은 태어나서 지금까지 경험한 모든 일들은 그냥 사라지지 않고 무의식에 가라앉아 있다가 연상상황, 연상기억에 의해 의식 위로 올라오게 된다. 연상상황, 연상기억을 쉽게 이야기하면 다음과 같다. 아주 오래전에 나를 아껴 주었던 지인이 교통사고로 인해 돌아가셨고, 힘들게 잊고 있었다. 성인이 된 후 어느 날 길을 걷다가 교통사고로 인해 많은 사람들이 죽거나 다치는 장면을 보게 되었다. 이 장면을 보자마자 어릴 때 경험했던 지인의 사고가 엊그제 경험한 것처럼 생생하게 떠오르는 것이다. 이를 잊고자 친구와 수다를 떤다든지, 혼자 술을 마신다든지 등의 노력을 하게 된다. 그러나 살아오면서 크고 작은 어두운 경험들을 했다면 이러한 일들이 주기적으로 올라오며, 상황에 따라서는 우울, 조울, 조증 등으로 표출하기도 한다.

# 2장

## 내면의 이해와 심인성

내면이란 겉으로 드러나지 않은 인간의 속마음으로서 심리적·정서적·정신적 측면을 의미한다. 내면의 세계는 양육자와 주변 사람들과의 관계 속에 형성되며, 성장 과정에서 이들이 미치는 영향은 클 수밖에 없다. 또한 지인들의 관심과 축복 속에 태어났는지, 무관심 속에 천덕꾸러기로 태어났는지는 그 출발점이 달라지며, 특히 양육자는 아이의 성격형성에 절대적인 영향을 미치게 된다. 마음이 따뜻하고 온정적이며 애정이 많은 양육자는 아이에게 사랑과 관심을 많이 주고, 인정욕구 충족과 애착 형성이 잘되어 바르게 성장한다. 그러나 냉정하고 모진 양육자를 만나게 되면 핍박, 간섭, 자율성 통제 등으로 인해 인정욕구 결핍과 애착 형성의 결여로 인해 성격형성에 부정적 영향을 미치게 된다.

자아존중감이 높은 사람은 울타리가 높고 단단하다. 감정의 기복이 적고 피해의식이 낮으며, 타인을 배려하고, 대인관계가 원만하며, 긍정적이고 "덕분에"라는 말을 많이 사용하고 회복탄력성이 높다. 회복탄력성이란 예상치 못한 충격을 받아도 다시 제자리로 돌아오거나 그 경험을 바탕으로 더 크게 성장한다는 의미다. 회복탄력성이 높은 사람은 부정적인 상황에 처했을 때 이를 극복하고 심리적·정서적으로 안정된 상태를 유지한다. 따라서 자아존중감이 높은 사람들은 현재를 중요시하며, 미래지향적이고, 타인과 비교하지 않으며, 피해의식이 상대적으로 적고, 자기 주도적 삶을 살아간다.

자아존중감이 낮은 사람들은 자존심이 강하고, 상대적으로 피해의식이 많고 울타리가 낮아 외부의 바람에 쉽게 영향을 받는다. 또한 부정적 방어기제인 억압, 부인, 합리화, 투사, 퇴행 등을 활성화하고, 과거 지향적 사고와 "때문에"라는 말을 많이 사용하며, 자기 합리화를 잘한다. 이로 인해 관계에 어려움을 겪게 되고 마음의 상처를 받게 된다. 이와 함께 인간의 내면세계와 일상행동을 이해하기 위해서는 의식과 무의식에 대해 살펴보아야 한다. 의식과 무의식은 우리의 삶에 깊이 자리 잡고 있으며, 경험에 의해서 지속적으로 확장된다.

# 1. 의식과 무의식

정신분석의 창시자인 지그문트 프로이트(Sigmund Freud, 1856~1939)에 의하면 인간의 마음속에는 독립된 두 영역이 있다. 하나는 의식의 영역이고, 다른 하나는 무의식 영역으로 모든 인간이 가지고 있는 정신세계다. 이러한 프로이트의 업적은 심리상담 이론들의 기저에 자리 잡게 되었다.

## 1) 의식

의식은 인간이 깨어 있는 상태에서 자신이나 사물을 인식하는 정신 작용이다. 보고, 듣고, 냄새 맡고, 맛을 보고, 무엇인가를 항상 생각하거나 느끼고 있으며, 직접적이고 주관적인 체험을 가지는 것으로서 감각, 감정, 사고를 포함하는 것을 의미한다. 또한 개인이 현재 자각하고 있는 생각을 포함해 우리가 직접 알고 있는 정신의 부분이다. 의식의 내용은 경험에 의해 새로운 생각이 들어오고, 오래된 생각은 뒤로 밀러나며 계속 변하게 된다. 목표를 세우고 행동을 계획하며, 결정하고, 행동을 한다. 행동의 규범, 가치의 설정, 행동, 목적과 수단을 평가하기도 한다. 즉, 의식은 깨어 있는 상태에서 자기 자신이나 사물에 대해 인식하는 작용으로서 현재 경험하고 있는 심적 현상이다. 그러나 의식은 무의식의 지배와 영향에서 벗어날 수 없다.

## 2) 무의식

무의식은 정신의 가장 깊은 수준에서 작동되는 것으로 우리가 자각하지 못하는 경험과 기억으로 구성된다. 무의식의 본질을 한마디로 줄여서 말한다면 인간이 인지하지 못하고 의식이 알지 못하는 심리영역이다. 의식영역 밖에 있는 무의식은 인간의 행동을 지배하고 행동방향을 결정한다. 이러한 무의식은 본능에 의해 지배되며, 그 행동의 배후에서 작용하는 중요한 추진력으로 욕망과 희망이 자리 잡고 있는 곳이다.

무의식 속에는 사회적으로 비난받을 금기된 성향과 욕망, 이루지 못할 사랑, 거친 행동과 그러한 것을 실행에 옮기는 상상들이 있다. 이와 함께 어린 시절에 겪었던 트라우마, 걸림, 상처 등이 무의식에 존재하게 된다. 무의식은 심연 또는 우주로 비유될 수 있으며, 깊이와 넓이는 측량할 수 없는 무한한 공간과 같다. 인간이 생후부터 현재까지 경험한 모든 일들은 사라지지 않고 무의식에 자리 잡고 있다가 연상상황, 연상기억인 유발인자에 의해 의식으로 올라온다. 부정적 경험인 어두운 그림자가 올라오면 삶의 질이 낮아지게 되며, 관계를 맺고 있는 주변에 영향을 미치게 된다.

[그림 1] 의식과 무의식

의식과 무의식의 이해를 돕기 위해 [그림 1]과 같이 막걸리 병으로 비유했다. 맑은 부분은 의식, 가라앉아 있는 부분은 무의식으로 평상 시에는 나뉘어져 있지만 흔드는 조건인 유발인자를 만나게 되면 무의식과 의식은 뒤섞이게 된다.

# 2. 성격의 이해

성격이란 환경에 대해 개인이 대처하는 행동의 형태로서 개개인마다 서로 다른 자기만의 행동 양식으로 후천적 학습에 의해 형성된다. 또한 성격은 일시적이지 않고 항상성을 유지하는 심리적 체계를 의미하며, 사고, 감정, 행동 등의 일정한 양식을 가지고 표출을 함으로써 타인과 구별되는 특징을 가지고 있다.

은행나무의 씨를 땅에 심으면 은행나무의 싹이 돋아나듯이 생각의 씨를 뿌리면 행동이라는 싹이 움트게 된다. 은행나무의 싹이 자라고 잎이 될 때 은행나무라는 것을 알게 된다. 인간도 역시 같은 행동을 지속적으로 하면 습관이 되고, 습관이 굳어지면 특유의 성격으로 자리 잡는다.

길동(가명)이가 일행하고 식당에 갔는데 마늘이 나왔다. 마늘을 쌈장에 찍어 먹고 있는데, 같이 간 일행 중에 마늘을 안 먹으려 하거나, 마늘을 구워 먹으려고 했다. 그것을 본 길동이는 왜 마늘을 먹지 않느냐, 그리고 왜 날것으로 먹지 않고 구워 먹으려고 하냐고 이야기한다.

듣는 사람들은 기분이 안 좋아졌는데, 이번에는 마늘은 생마늘로 먹어야 건강에 좋다고 하면서 무조건 생마늘을 먹으라고 강요를 한다. 듣고 있던 사람은 기분이 상하게 되었으며, "너나 잘하세요." 또는 "너와 같이 안 먹어." 하면서 나가 버리게 되었다.

이야기를 다시 생각해 보면 길동이가 마늘을 날것으로 먹는 것은 하루아침에 형성되지 않았다는 것이다. 어린 시절부터 마늘이 나오면 양육자는 구워 먹지 않고 항상 쌈장에 찍어 먹었다. 길동이는 마늘을 구워 먹는 것은 한 번도 본 적이 없었으며, 양육자의 행동을 그대로 따라 하게 되었고, 자연스럽게 몸에 배게 되었다. 이러한 행동이 지속성을 가지게 되고 습관이 되었으며, 고착화되어 성격, 성향, 가치관이 되어 버린 것이다. 즉, 성격은 하루아침에 형성되는 것이 아니며, 후천적 학습영향으로 형성되고 표출된 모습인 것이다.

따라서 성격 형성 과정에서 아이에게 미치는 양육자의 영향은 절대적이라고 해도 과언이 아니다. 아이는 태어나면서부터 자신의 의지와 관계없이 양육자에 의해 양육된다. 건강한 양육자 밑에서 자란 아이는 따듯한 품 안에서 사랑과 보호 안에 애착 형성과 인정욕구가 충족되어 건강하게 살아가게 된다. 그러나 심인성질환을 앓고 있는 양육자에 의해 자라는 아이는 불안정한 환경에 놓이게 되며, 인정욕구가 충족되지 않고, 애착 형성이 결여되어 건강하지 못한 상태에서 자라게 된다. 다시 말하면, 아이가 원하는 것을 채워 주지 않는 양육자는 특별한 이유가 없는 한 아이가 바라는 것을 주지 못하게 된다.

예를 들면, 전문직에 종사하는 부부에게 어린 아이가 있었다. 부부는 아이의 양육을 위해 입주 가사도우미를 들이게 되었다. 어느 날부터 아이는 부모가 출근할 때마다 울면서 가지 말라고 떼를 썼으나 부모는 아이의 행동에 신경 쓰지 않았다. 그러던 어느 날 아이의 몸에 꼬집힌 자국을 보게 되었다. 이러한 자국이 자주 보이게 되어 이상하게 생각한 부모는 가사도우미에게 휴가를 주고 나서 집 안에 CCTV를 설치했다. 부부는 평소와 같이 출근한다고 집에서 나오고, 아이는 함께 있어 달라고 떼를 쓰고 있었다. 부모는 집 근처 차 안에서 집 안의 상황을 살펴보기 위해 CCTV를 틀어 보았다. 부모가 집을 나오자마자 가사도우미는 아이를 질질 끌고 있었고, 아이는 두려움에 벌벌 떨고 있었다. 소파에 아이를 던지듯 놓고, 한쪽 발을 아이에게 걸쳐 놓고 과일을 먹고 있었다. 아이가 울음을 터트리게 되니까 가사도우미는 시끄럽다고 아이를 꼬집고 쥐어박고 있었다. 이러한 모습을 지켜보던 부모는 너무 놀라 집 안으로 뛰어 들어가서 바로 가사도우미를 내보내게 되었다.

또 다른 예를 들면, 2015년 1월 초순에 행복시(가명) 어린이집에 대한 충격적인 기사가 언론 매체를 타고 보도되었다. 이전에도 어린이 학대에 관한 기사를 보게 되면 마음이 편치 않았으나, 이번 사건의 경우 특히 사람들이 공분을 터뜨렸으며 사회적 문제로 크게 번졌다.

그 내용은 요약하면 다음과 같다. '어린이집 보육교사가 아이의 뺨을 손바닥으로 쳤고, 아이는 바닥에 나가떨어졌다. 아이를 때린 것은 단지 '김치를 먹지 않고 뱉었기 때문'이었다. 맞은 아이는 울지도 않고 자기가 뱉어 낸 음식을 치우고 있었으며, 이러한 보육교사의 폭력 장면을 옆에 있는 아이들이 두려움에 떨며 지켜보고 있었다. 아이들은 맞으면 당연히 울어야 하는데, 울지 않고 자기 자리로 와서 뒷정리를 하는 행동이 이루어지기 위해서는 지속적으로 반복 학습되어야 한다. 또한 함께 있던 또래 아이들도 이러한 물리적 폭행에 반복적으로 노출되어 고통의 시간을 보냈다는 데 더 큰 문제가 있다.

사람은 어느 환경에 처해 있든 자신이 경험한 모든 일들은 그냥 사라지지 않고 무의식에 가라앉아 있다가 연상상황, 연상기억에 의해 의식 위로 올라오게 된다. 한번 경험한 일들은 회전판 원리와 같이 반드시 재활성화된다. 따라서 양육자의 일거수일투족이 아이의 성격형성에 미치는 영향이 크기에 양육자는 따뜻한 마음과 사랑으로 아이를 돌보아야 하며, 이를 위해서는 아이의 발달과정을 이해하고, 많이 알아야 하며, 좋은 경험을 많이 해야 한다.

사람은 직접적 경험과 간접적 경험을 통해 배우고, 성장하며 지혜가 생겨난다. 자신이 알고 있는 대로 말과 행동을 하게 되며, 배운 대로 표출하게 된다. 아이들과 함께 지내고 있는 양육자, 부모, 교사, 교육 관계자 등은 무의식 속에 자리 잡고 있는 부정적 경험인 미해결 과제, 걸림, 트라우마 등이 해소되어야 한다. 이를 해결하지 않고 아이들을 대한다면 유발인자에 의해 역동이 올라와 아이들에게 부정적 영향을 미치기 때문이다. 따라서 양육 또는 보육 실무 관련자들은 어두운 그림자가 의식 위로 올라온다고 해도 역동이 일어나지 않도록 자제력을 키워야 하며, 이를 위해 전문가의 조력을 받아야 한다.

아이를 양육한다는 것은 쉽지 않은 일이다. 그럼에도 불구하고 아이를 키우는 것은 아이로 인해 얻는 행복이 더 크기 때문이다. 아이가 태어나고, 성장하는 모습은 말로 표현하기 어려운 기쁨과 행복 그리고 책임감을 부모에게 준다. 이러한 느낌은 아이를 키워 보지 않은 사람들은 느끼지 못하는 경험이다. 또한 엄마, 아빠 소리는 아무나 듣는 것이 아니고 하늘의 축복을 받은 사람들이 누릴 수 있는 것이다.

양육자는 따듯한 마음과 사랑으로 위험하거나 타인에게 피해를 주지 않는 범위 내에서 자녀의 자율성을 인정해 주어야 한다. 또한 인정 욕구의 충족과 지지, 격려, 칭찬 속에 자아존중감이 높은 아이, 건강한 아이, 행복한 아이로 양육해야 한다. 자신의 꿈과 잠재력을 펼쳐 나아갈 수 있도록 해야 하며, 바람직한 사회 구성원으로 성장하도록 해야 한다. 아이들이 행복한 사회는 미래에 희망이 있고, 아이들이 불행한 사회는 어두운 미래가 기다리게 된다. 우리의 소중한 아이들이 성장 과정에서 어떤 양육자 밑에서 성장했는가에 따라 경계선 성격장애를 갖게 될 것인지, 건강한 성격 소유자로 성장할지 결과가 달라진다.

# 3. 이중구속

이중구속[1]이란 어떠한 행동을 해도 결코 성공할 수 없는 상황을 의미하며, 피할 수 없는 상황에서 모순된 전달 상황이 반복적으로 이어진다. 이것은 동등한 관계에서는 발생하기 어렵다. 상하관계로서 상위자의 지시를 하위자가 무시할 수 있는 상황이 아니어야 성립된다. 예를 들면 부모와 자녀, 직장 상사와 직원, 교수와 학생 등 이와 같이 위와 아래의 서열이 정해진 관계인 것이다.

상급자가 성격에 결함이 있거나, 자기기만 또는 자기중심성이 강하고, 어떤 상황에서 내적인 갈등이 있게 되면 이중구속의 전달 상황이 나타난다. 이러한 이중구속에 지속적으로 노출되면 사고장애, 정서장

---

1   이중구속이론(Double bind theory)은 1950년대 그레고리 베이트슨(Gregory Bateson)과 그 동료들이 처음 고안했다. 인류학자이자 언어학자인 베이트슨은 이중구속적인 상황에서 피할 수 없는 모순된 메시지가 지속적으로 이어질 경우, 메시지를 받은 사람은 스트레스가 생기게 된다. 이로 인해 사고장애, 정서장애, 조현증(정신분열증)이 유발될 수 있다고 주장했다.

심리상담 사례 분석의 실제

[그림 2] 이중구속

애, 결정장애 등이 유발될 수 있다.

예를 들면 어느 중학교에서 선생님이 수업을 하고 있는데 창가에 앉아 있는 학생이 수업에 집중하지 않고 창밖을 바라보고 있었다. 이러한 날들이 계속되고 있었다. 그러던 어느 날 수업 중에 학생이 창밖을 바라보고 있었고, 선생님은 그 학생에게 나오라고 했다. 선생님은 훈육 차원에서 당장 교실 밖으로 나가라고 했다. 학생이 나가려고 하자 선생님은 나가란다고 나가냐고 야단치며, 당장 자리에 가서 앉으라고 했다. 여러 날이 지난 후 똑같은 상황이 벌어졌다. 학생을 나오라고 한 뒤 야단치며 당장 교실 밖으로 나가라고 했다. 학생이 생각했다. 지난번에 나가라고 해서 나가려고 하니까 들어가서 자리에 앉으라고 했지. 이번에도 나가지 않고 기다리면 되겠지, 생각하고 그대로 있었다. 그러자 선생님은 말이 말 같지 않느냐고 야단을 치며 교실 밖으로 내보냈다.

　한 가지 예를 더 들어 보면, 초등학생 아이가 있었다. 엄마가 모처럼 옷을 사 주었다. 아이는 옷을 입은 후 엄마에게 말했다. "엄마, 이 옷은 이 세상에서 가장 예쁜 옷이야." 하며 좋아했다. 그 말을 들은 엄마는 "그러면 내가 전에 사 준 옷은 예쁘지 않았단 말이냐?" 했다. 아이는 엄마한테 칭찬받고 싶어 자랑을 했으나 엄마의 반응은 아이의 기대와 달리 판잔을 했다. 이와 같이 자신의 의사와 관계없이 일어나는 이중구속은 상위자의 사고의 전환이나 올바른 관계정립이 되지 않고는 하위자가 어떠한 노력을 해도 실망과 좌절을 느낄 수밖에 없다.

# 4. 관계

사람은 만남으로 인해 성장을 한다. 그러나 누구와 함께하는가에 따라 긍정적으로 성장하기도 하고 부정적으로 성장하기도 한다. 우리는 삶의 과정에서 가족, 친구, 직장, 자조 모임 등 다양한 관계를 맺게

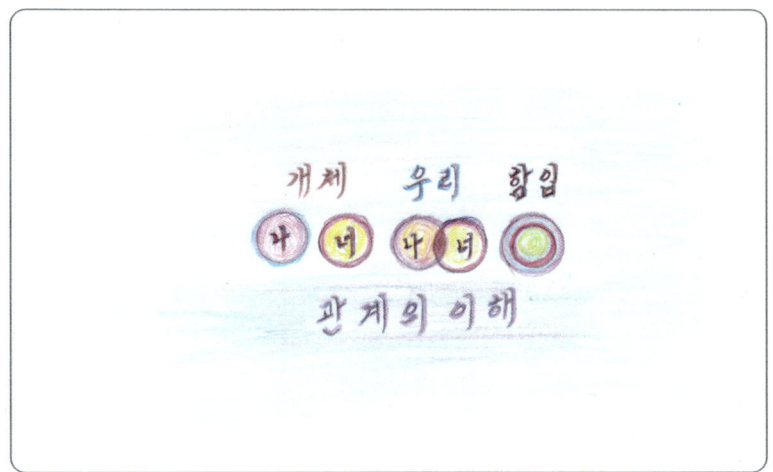

[그림 3] 관계의 이해

되며, 서로 간의 믿음과 신뢰 안에 상호작용을 통해 관계를 이어 나간다. 이와 같이 관계는 둘 이상의 대상이 있어야 형성되며, 어떤 영역이나 방면에 서로 관련이 있어야 한다.

'개체'는 전체나 집단 안에서 하나하나의 낱개를 지칭하며, 하나의 독립된 생물체이며 살아가는 데에 필요한 독립적인 기능을 갖고 있다. 여기서 의미하는 개체는 섞이지 않은 상태에서 서로 떨어져 있는 것을 의미한다. 즉, '너는 너', '나는 나'이며, 엮이지 않은 상태다.

'우리'는 서로에게 영향을 미치고 직접적·간접적으로 도움을 주고받는 것이다. 관계 속에서 우리가 되기 위해서는 [그림 3]과 같이 일정 부분 겹쳐져야 한다. 상대가 나의 시간을 요구를 하면 겹쳐진 부분만큼 그를 위해 내어주어야 하고, 나도 상대에게 요구를 할 때 그도 나를 위해 시간을 내어주는 것으로 친구 관계가 좋은 예다.

'함입'이란 빠져 들어간다는 의미이며, 관계 속에 깊이 엮여져 있는 상태로서 "내 안에 너 있다."와 같이 아름답게 들리지만 이러한 관계는 오래 지속되기가 힘든 관계다. 사랑하기에 또는 거절을 잘못해서, 상대가 바라는 것을 맞추어 주다 보니, 어느새 함입관계가 되어 버린 것이다. 원 안에 들어가 있는 사람은 숨이 막혀 견딜 수가 없고, 내부의 원을 감싸고 있는 사람은 편하게 지낸다. 일정 시간이 지나면 원 안에 있던 사람이 원 밖으로 나오려고 하고 여기서 갈등이 생기게 된다. 따라서 성숙한 사람은 우리라는 관계로 발전하게 되고, 미성숙한 사람들은 개체로 갈라지게 된다.

"불가근불가원(不可近不可遠)"이라는 말은 너무 멀지도, 너무 가깝지도 않은 관계를 하라는 의미다. 관계가 미성숙한 사람은 자기중심적 사고가 강해 대상을 지치고 힘들게 해서 관계를 지속적으로 이어 가지 못하게 된다. 그러나 성숙한 사람은 이해와 배려를 통해 더욱 친밀한 관계로 남게 되며, 함께 성장하는 삶을 이어 간다. 이와 함께 내가 불편하면서 타인을 배려하면 그 배려는 아니한 것보다 못하게 된다. 편하고 좋은 관계라고 해도 배려와 예의를 지켜야 하며, 가까운 관계일수록 더욱 필요하다. 따라서 건강한 관계가 유지되기 위해서는 일정한 거리를 유지해야 한다. 친밀한 관계일수록 배려를 해야 하며, 경계를 넘나드는 밀착된 관계는 서로를 위해 주의해야 한다.

# 5. 심인성증상

  심인성증상이란 정신적·심리적 원인으로 인해 표출되는 어떤 병이나 증상으로서 '마음의 병'이라고도 한다.

## 1) 심인성질환

  심인성질환은 사회, 문화, 가족규범과 가치에 관련을 맺고 있으며, 관계 속에서 형성되고, 마음속의 근심과 걱정, 불안, 긴장으로 인해 생기는 병이다. 발생 원인은 다양하지만 그 일환 중 하나는 아이의 성장 과정과 관련이 있어 보인다. 양육자로부터 사랑, 배려, 칭찬, 지지, 격려 등을 받지 못하고 체벌, 질타, 비난 등을 받으며 성장한다면 이러한 인정욕구 결핍, 애착 형성 결여, 트라우마 등이 미해결 과제로 남게 된다. 이러한 요인들이 무의식에 자리 잡고 있다가 청소년기 이후 어느 시기에 외부로부터 트라우마, 폭언, 심한 자율성 제한 등 감당하기 힘든 자극을 받으면 잠복하고 있던 인자들이 표출되어 삶의 질을 낮게 한다.

[그림 4] 심인성질환의 이해

    심인성질환인 병리증상의 이해를 돕고자 [그림 4]와 같이 자물쇠(취약성), 열쇠(유발인자), 열린 자물쇠(증상발현)로 그려 보았다. 자물쇠는 미해결 과제나 걸림으로써 씨나, 씨앗으로 비유하고 싶다. 씨나 씨앗이 발아를 하기 위해서는 햇빛, 토지, 수분의 세 가지 조건이 갖추어야 한다. 오랜 기간이 지나도 조건을 만나지 못하면 싹이 움틀 수 없다. 이와 같이 취약성이 증상발현이 되기 위해서는 유발인자(연상상황, 연상기억)인 열쇠가 취약성인 자물쇠의 구멍에 들어가서 돌려야 자물쇠가 열리면서 증상발현으로 나타난다. 이때 나타나는 감정 폭발은 저마다 다르게 나타난다. 화와 분노를 표출하며, 공포 분위기를 조성하거나, 대성통곡 또는 소리 없이 눈물을 흘리기도 한다.

## 2) 미해결 과제

미해결 과제는 과거의 성장 과정에서 경험한 다양한 일들 중 해결되지 않고 넘어가는 경우가 있다. 이러한 경험은 개인의 생활이나 대인관계 패턴에 부정적 영향을 미치는데 이를 미해결 과제라고 한다. 또한 어린 시절 양육자와의 관계에서 원했으나 충족되지 못하고 마음에 담아 두고 걸리는 것들로서 분노, 화, 고통, 불안, 슬픔, 죄의식 등 마음의 상처가 억압된 감정으로 남아서 미해결 과제가 된다. 이러한 감정은 선입견, 강박행동, 근심, 걱정 등으로 인해 억압된 자기 패배적 행동으로 나타나게 되고 삶의 질이 낮아진다. 이러한 미해결 과제는 당사자가 겪고 있는 갈등의 원인이 되고, 과거에 해결되지 못한 갈등이나 사건이 현재의 행동에까지 영향을 미친다.

미해결 과제를 비유하면, [그림 5]와 같이 흐르는 냇물에 돌멩이가

[그림 5] 미해결 과제

　　　　　　　　　　　　　심리상담 사례 분석의 실제

있는 것과 같다. 물의 속성상 위에서 아래로 흘러가야 하는데 돌멩이가 가로막고 있으면 돌아가거나 타고 넘어가야 한다. 사람도 역시 발달단계에 따라 유아기, 아동기, 청소년기, 청년기, 중년기, 노년기로 성장하게 된다. 그러나 성장 과정에서 해소되지 않은 걸림, 미해결 과제가 있다면 정신적 성장을 가로 막게 되며, 때로는 퇴행을 일으키기도 한다. 따라서 걸림이 해소되면 전경에 있던 미해결 과제가 유연하게 배경으로 물러나게 되면서 삶의 질이 높아진다. 그러나 걸림이 해소되지 못하면 과거에 집착하게 되고 퇴행이 일어나며, 자신을 포함한 삶의 공동체에도 부정적으로 작용할 수 있다.

정신적 성장의 어려움이 되는 냇물의 돌멩이는 들어낼 수가 없다. 그러나 심리상담에서는 미해결 과제, 걸림의 영향을 주는 돌멩이를 들어내지는 못하지만, 직면과 둔감화를 시켜 부정적 영향을 미치지 않게 할 수 있다. 이러한 방법으로 인해 내담자는 어두운 그림자에서 벗어나게 되고, 새로운 사고의 전환을 통해 삶의 질을 높일 수 있게 된다.

# 3 장

# 관계형성 이론의 이해

# 1. 관계형성 이론의 배경

　관계형성 이론은 필자에 의해 창안된 이론이다. 관계형성이란 관계와 형성이 결합한 용어로서 개인의 내적 정신세계와 외적 세계의 삶에 자각과 통찰을 통해 긍정적 변화가 나타나도록 영향을 미치는 것을 의미한다.

　관계는 주체 또는 자기에게 심리적 중요성을 가진다. 주체의 마음속에 존재하는 관계는 내적 대상이며, 이는 때때로 관계표상이라 불린다. 모든 외부 현상은 마음속에서 표상되며, 내적 관계표상이란 주체에 의해 형성된 관계의 다양한 속성들로 신체적·지적·정서적 혼합물이다.

　형성이란 강화를 받은 모든 행동이 모이게 되면 바람직한 행동을 이루도록 하는 것을 말한다. 행동의 형성이란 상담자가 원하는 방향 안에서 일어나는 다양한 반응들만을 강화하므로 원하는 방향의 행동을 습득하도록 하고, 원하지 않는 방향의 행동에 대해서는 전혀 강화를 받지 못하도록 해 결국 원하는 방향의 행동을 할 수 있도록 하는 것을 가리킨다.

관계형성 이론에서는 심인성질환으로 어려움을 겪고 있는 내담자에게 심리상담을 통해 긍정적 변화와 치유를 이끌어 내는 것을 중시한다. 내담자는 삶의 과정에서 자신이 경험한 어두운 그림자로 인해 주체적인 삶을 이어 가지 못하고, 관계 속에 어려움을 겪는다. 이를 해결하고자 자신이 아는 방법으로 노력하지만 미해결 과제, 걸림, 어두운 그림자 등은 점차 더 악화되어 삶의 질이 낮아지게 된다.

관계형성 이론에서 활용하는 다양한 기법의 목적과 역할은 내담자의 총체적 심리상황을 분석하고, 고착된 심적 에너지를 해소한다. 역기능적인 개인 내적 역동에 대한 통찰을 통해 자아 기능을 강화시키고, 무의식 속에 바라는 욕구를 강화 형성한다. 또한 현실적이고 수용적인 태도를 지향하고, 자율적 삶을 영위하며, 자존감을 향상하고, 긍정적 변화와 치유를 통한 성숙한 삶의 실현을 할 수 있도록 조력한다.

# 2. 전문 상담자의 역할

## 1) 상담 기법 사용

상담에서의 기법 사용은 상담자의 이론적 모형과 밀접한 관련이 있다. 상담자가 사용하는 기법의 절차나 개입은 활용하는 근거를 갖고 있어야 하며, 그 기법의 적합한 적용에 관해 훈련을 받아야 한다. 또한 상담자는 전문적으로 성장하고 발달해야 하며, 이를 위해서 개념적 이해가 필요하고, 주 이론의 기초가 튼튼해야 한다. 이론적 배경이 없는 임상경험은 사상누각(砂上樓閣)에 불과하기 때문이다.

이와 더불어 상담에 임해서는 과정보다는 결과가 중요하다. 단기상담에서는 긍정적 변화가 나타나야 하고, 장기상담에서는 치유를 이끌어 내야 한다. 이러한 상담을 위해 상담자는 자신이 가지고 있는 미해결 과제, 걸림 등을 자기분석이나 슈퍼비전 등을 통해 해소해야 한다. 상담자가 자신의 어두운 그림자를 해소하지 않은 상태에서 상담에 임하면 내담자가 가지고 있는 내용에 따라 역전이가 올라올 수 있다. 역전이가 올라오게 되면 상담자는 자신의 문제에 갇혀 내담자가 보이지

심리상담 사례 분석의 실제

않게 되는데, 이는 과거에 경험했던 일들이나 주제가 상담관계에 영향을 미치기 때문이다.

내담자는 자신이 가지고 있는 미해결 과제, 걸림, 핵심 감정 등에 대해 스스로 해결하고자 노력하다가 더 악화되니까 이를 해소하고자 시간과 비용을 지불하며 전문가를 찾아온다. 상담자는 내담자가 기대하는 상담에 대한 욕구를 충족시켜 주어야 한다. 이를 위해 상담자는 자기 자신에 대해 자신감을 갖고 있어야 하며, 전문가로서의 실력을 갖추어야 한다.

예를 들면, 목적지에 빨리 도착하기 위해 택시를 탔는데 운전기사가 길을 헤매고, 내비게이션도 잘 못 다룬다면, 승객은 택시를 타려고 했던 목적이 이루어지지 못하기에 마음이 불편하고 택시비를 지불하는 것이 편치 않게 된다.


## 2) 상담자의 자질

상담자는 기본적 자질을 갖추어야 한다. 자질에는 인간적 자질과 전문적 자질로 나눈다. 인간적 자질이란 상담자가 갖추어야 하는 사람됨의 특징을 의미하며, 내담자에게 영향을 미칠 수 있는 인성적 특징을 의미한다. 즉, 타인수용, 열린 마음, 공감, 지지, 격려, 존중, 진실성, 온화함, 인간에 대한 깊은 관심, 심리적 안정감, 지적 능력, 자기인식 등이다.

상담 관계에서 상담자의 인간적 자질이 치유를 위한 이론과 기법 보다 더 크게 영향을 미치게 되는데, 이는 과거 중요한 타인에게 느꼈던

감정이나 태도를 현재로 옮겨 와 반복하는 심리현상인 전이와 역전이 때문이다. 전이는 내담자가 상담자에게 향하는 무의식적 감정과 태도 이며, 상담 과정에서 상담자의 신념이나 태도를 동일시하고, 행동을 모방하기도 한다. 역전이는 상담자가 내담자에게 갖는 무의식적 반응이 며, 상담 과정에서 역전이가 일어나면 상담자는 자신의 문제에 사로잡혀 내담자가 보이지 않게 되며, 상담자 중심의 상담으로 흘러간다. 따라서 내담자의 긍정적 변화 또는 치유를 효과적으로 이끌어 내기 위해서는 인간적 자질이 중요하다.

전문적 자질이란 상담의 이론에 대한 이해, 상담을 효율적으로 진행하는 방법과 절차에 관한 이해 그리고 상담을 하면서 고려해야 할 여러 가지 사항들에 관한 실습과정이다. 상담은 내담자의 정신세계에 관여하며, 그가 사는 사회에서 문제행동을 일으키지 않고 공동체의 일원으로 더불어 살아갈 수 있도록 긍정적 변화와 치유를 위해 조력하는 것이다. 이러한 전문적 자질은 상담이론에 관한 지식, 실습경험과 훈련, 자격을 갖춘 슈퍼바이저의 지도 등을 통해 습득된다. 따라서 내담자가 원하는 상담자가 되기 위해서는 인간적 자질과 전문적 자질의 향상을 위해 보다 더 노력을 해야 한다. 이를 위해 심리상담 관련 교육, 세미나, 상담이론, 슈퍼비전, 개인분석 등을 통해 역량을 강화해야 한다.

### 3) 상담 내용의 구조화

상담자는 치료적 상담 관계로 임해야 한다. 내담자 중심의 상담을 해야 하며, 말속의 말을 찾고 상황에 맞는 적절한 질문을 해야 한다. 상담 내용을 초기, 중기, 종결기로 구조화해 각 단계에 적합한 기법을 활용해야 한다. 초기상담에서 상담의 효율성을 이끌어 내기 위해 라포형성이 이루어져야 한다. 이를 위해 지지, 격려, 경청, 수용, 공감 등 다양한 기법을 활용해 관계 형성을 한다. 초기에 관계 형성, 탐색이 중요하며, 탐색에는 가계도, 과거 탐색기법, 과제 부여 등이 활용된다. 상담자는 자신의 이론적 배경과 기법 등을 사용하며, 내담자의 긍정적 변화와 치유를 위한 탐색이 이루어지면 다음 단계인 중기로 이어지게 된다.

중기상담은 내담자의 변화와 치유를 위한 중요한 단계로서 사용하는 기법으로는 직면과 둔감화를 통한 자각과 통찰 유도, 욕구강화형성, 과제 부여, 자아존중감 향상 등이다. 중기에서는 초기 탐색을 통해 알게 된 내담자의 핵심문제, 걸림에 대해 직면을 시켜야 한다. 직면은 내담자가 안전한 공간 안에서 과거에 그가 처리할 수 없었던 정서적 상황들을 재노출시키는 심리상담 기법의 일환이다.

직면을 시키기 전에 상담자와 내담자는 라포형성이 잘 이루어져야 한다. 직면은 내담자의 아픈 부분을 건드리는 것으로 관계 형성이 이루어지지 않은 채 시도하면 저항이 나타나기도 하는데 이러한 저항의 형태는 침묵, 냉소적 반응, 액팅 아웃(acting-out), 상담 시간 지각, 일방적 일정 변경, 상담 중단 등이다. 상담 과정에서 직면을 하지 않으면 내담자는 긍정적 변화가 일어나지 않으며 상담에 대해 회의적 반응을 갖게 된다.

종결기에는 애도 기간과 변화과정에 대한 나눔 등이 다루어져야 한다. 상담을 시작할 때 단기상담에서는 상담신청서와 상담동의서를 작성하면서 종결에 대한 내용을 기재한다. 장기상담에서는 내담자와 상담자가 서로 협의해 내담자의 상태와 목표달성 정도 등을 고려해 신중하게 해야 한다. 종결상담은 내담자와 상담자가 심리적으로 연결된 상태에서 분리되는 과정을 의미한다. 내담자는 상담 과정에서 상담자에게 의존하던 관계에서 벗어나 스스로 대처해 나아가야 한다는 것으로, 독자적으로 삶을 이끌어 가도록 해야 한다.

따라서 상담을 마무리하기 전에 애도 기간을 가져야 하는데 단기상담에서는 종결 이전 회기에 다음 상담이 마지막 상담이라는 것을 고지해야 한다. 이와 함께 그동안 상담 과정에서 체감한 변화된 내용이나 어려웠던 부분에 대해 나누고, 지지와 격려를 한다. 또한 살아가면서 어려운 일들이 생기면 언제든지 상담을 받을 수 있다는 점에 대해 이야기해 주면서 심리적 안정감을 주어야 한다. 그러나 내담자가 독립적으로 살아가지 못하고 의존심을 키우도록 분위기 조성을 해서는 안된다.

# 2부

# 심리상담 실제

## 마음의 홀씨

임향빈


사랑은 눈빛 너머 가슴 안에 너울지고
마음은 알 수 없는 흔들림으로 다가오며
눈가에 비친 님의 모습은 허공 속에 잠기운다


고통은 어두움 속에 폭풍우같이 밀려오고
슬픔과 아픔이 이별로 다가와 풀무질하며
어느새 그림자는 나락이 되어 불꽃을 터트린다


이별은 매임과 걸림의 공간이 되고
소리 없는 파장으로 어둠 속에 잠기며
은하에 펼쳐지는 별들의 그림자가 된다


미몽은 늪이 되어 유혹의 그림자로 손짓하고
과거와 현재와 미래가 혼돈 속에 휘말리며
마음속 영혼의 홀씨가 되어 새날을 품는다


심리상담 사례 분석의 실제

# 가족의 영향과 역기능적 삶

가정이 안정되어야 사회가 안정되고, 나라가 안정된다. 한 사람이 가지고 있는 병리증상의 고통은 그 사람만의 아픔이 아니라 그 가족 전체의 문제이며 그것을 표출하는 것이다. 개인상담은 개인의 내면을 중시하고, 가족상담은 가족의 관계를 중시한다. 따라서 상담자가 만나는 내담자의 심인성질환은 단지 한 사람이 아니고 그와 관계를 맺고 있는 가족의 어려움이고, 그 가족은 사회 구성원이기에 보다 넓은 관점으로 내담자를 바라보아야 한다.

# 1. 사례 소개

이 책에서 인용된 사례는 25살의 미혼 여성으로 가족 내에서 경험한 미해결 과제가 현재 삶에 부정적 영향을 미치고 있으며 이로 인해 삶의 질이 낮아졌다. 나름대로 벗어나고자 노력을 했으나 점차 어려움이 심해졌다. 3년 전부터 신경정신과에서 치료받고 있으며, 우울증 약을 복용하고 있다. 심리상담을 권유받아 인터넷 검색 후 찾아오게 되었으며, 10회 상담을 한 사례다.

사례 내용에서 가장 핵심이 되는 비밀보장을 위해서 가명을 사용했으며, 실제 거주 지역 대신 필자 임의로 거주지를 기재했으며, 직업 등 개인적 신분이 노출되지 않도록 주의를 기했다. 그러나 제시된 문제와 변화에 결정적인 영향을 미친 요인과 부분에 대해서 정확성을 기하려했다.

## 1) 제시된 문제(내담자의 주 호소 문제)

내담자는 대인관계에 어려움이 많고 피해의식과 열등감 그리고 자아존중감이 낮고, 사람들과 비교를 하게 된다. 따듯하게 대해 주면 그 사람에게 의지하게 되고 매달리게 된다. 무시한다는 생각이 들면 화가 올라와 견딜 수가 없고 불안과 긴장이 수시로 올라오는데 점차 심해지고 있다. 우울증으로 인해 신경정신과 치료를 받고 있으며, 약을 복용하고 있다. 심리상담의 권유로 인터넷 검색 후 찾아오게 되었으며, 상담을 통해 열등감과 피해의식을 줄이고 자아존중감을 높여 삶의 질을 높이고 싶다고 했다.

# 2. 내담자의 기초정보

## 1) 가족관계

### (1) 내담자 홍순희(가명)

25세, 여자, 미혼, 전문대졸, 구직 중, 알바, 친할머니 집에서 6살부터 중학교 1학년 초까지 살았으며, 미혼인 큰아버지와 방을 함께 쓰며 지냈다. 할머니의 눈치를 보며 어린 시절을 보내게 되었다.

## 2) 내담자의 가족

### (1) 아버지 홍동수(가명)

자영업, 고졸, 50세, 이기적, 충동적, 어른답지 못하고 책임감이 부족하다. 내담자와는 밀착되어 있으면서 갈등 중이다.

### (2) 어머니 이영아(가명)

자영업, 고졸, 50세, 고부갈등이 심했으며, 자기중심성이 강하다. 타인에 대한 배려가 없고 내담자와는 원만한 관계다.

### (3) 친할머니 김숙자(가명)

자영업, 74세, 화가 많고, 목소리가 크며, 다혈질이다. 담배를 피우고 술 마시는 것을 좋아한다. 큰아들에게 헌신적이며, 내담자와는 원만한 관계다.

### (4) 큰아버지 홍민수(가명)

무직, 고졸, 52세, 내성적이며, 낯을 가리고, 은둔형 외톨이로서 사회활동은 하지 않는다. 내담자와 함께 중학교 1학년 초까지 한방에서 같이 지냈으며, 그 후 단절 관계다.

## 3) 가계도

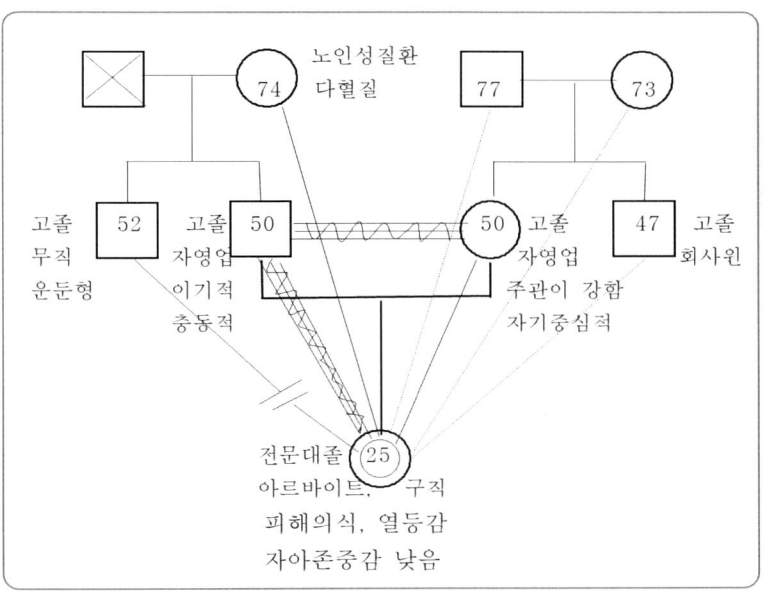

## 4) 성장 과정과 표출된 갈등 원인

내담자는 유년 시절 부모로부터 받아야 할 사랑을 충분히 받지 못했으며 친할머니 집에서 성장했다. 미혼인 큰아버지와 6살부터 중학교 1학년 1학기까지 방을 함께 사용했다. 큰아버지와 방을 같이 쓰는 것이 불편해지기 시작했으며, 중학교 1학년 1학기 때 가출을 했다. 중학교를 자퇴하고 대안 학교에 들어가게 되었다. 내담자는 초등학교 때부터 큰아버지와 같이 담배를 피웠으며, 중학교 때에는 하루에 한 갑을 피웠다. 집에는 부모의 지나친 간섭으로 갈등이 생기기 시작했으며, 친구들하고 지내는 게 좋았다. 그 후 검정고시를 보았으며, 고등학교 과정을 마치게 되었다. 사람들이 따듯하게 대해 주면 의지하게 되고, 서운하게 하면 화가 난다. 자아존중감이 낮아지고, 열등감과 피해의식이 있으며, 친구들과의 관계에서도 어려움이 있었다. 아르바이트를 하면서 생각과 현실의 차이를 많이 느끼게 되었다. 남들과 비교하게 되고 우울증과 피해의식으로 인해 점차 삶의 질이 낮아지게 되었다.

# 3. 상담 목표와 접근 방법

## 1) 상담자의 상담 목표

- 인간관계를 정립하고 열등감, 우울증, 피해의식, 불안에서 벗어나도록 조력한다.
- 역기능적인 개인 내적 역동에 대한 통찰을 통해 자아 기능을 강화시키고 자아존중감을 향상시킨다.
- 현실적이고 수용적 태도를 갖도록 하고, 긍정적 변화를 통한 성숙한 삶을 실현하도록 조력한다.

## 2) 내담자와 합의한 상담 목표

- 열등감, 피해의식, 우울증 극복, 자존감을 높여 건강한 대인관계를 유지하고 삶의 질을 향상한다.

### 3) 상담 접근 방법

내담자의 무의식에 고착된 미해결 과제를 다루어 자각과 통찰을 통해 자아 기능을 강화시키고 성숙한 삶을 실현한다. 지지와 경청, 공감 등을 통해 관계 형성을 한 뒤 내담자가 처한 상황을 직시해, 표출된 문제의 원인을 살펴보고자 한다. 이를 위해 관계형성 이론을 중심으로 통합적 상담을 하며, 내담자의 긍정적 변화를 위해 대상관계 이론, 인지행동치료, 인간중심 이론 등을 활용한다.

관계형성 이론은 관계 안에서 상처받은 내담자가 자신의 틀에서 벗어나 삶의 질이 향상되도록 형성시켜 주는 이론이다. 관계 안에 미해결 과제, 트라우마, 걸림 등으로 인해 삶의 질이 낮은 내담자의 부정적 영향의 원인을 탐색한다. 직면과 둔감화를 시키고, 욕구강화형성을 해, 단기적으로는 긍정적 변화와 장기적으로는 치유를 이끌어 내도록 조력한다.

대상관계 이론은 유아의 초기 관계경험이 성격 발달과 자아 형성에 미치는 영향을 강조하고, 대인관계에 초점을 두며, 상담관계를 치유적 매체로 활용하는 이론이다. 인지행동치료는 내담자의 적응적 또는 부적응적인 행동이 모두 그 행동의 결과를 통해 학습되고 유지된다고 가정한다. 또한 지금 여기를 강조하고 인지의 변화를 촉진하는 목표 지향적이고 해결중심적인 치료다.

인간중심은 인본주의 심리학에서 나온 개념에 따라 긍정적인 인간관에 기초하고 있다. 상담자는 내담자에게 무조건적인 긍정적 존중, 공감적 이해, 진솔한 자세로 대한다. 내담자가 직면한 문제를 해결하는 것뿐만 아니라 내담자의 심리적 성장을 돕는다. 따라서 관계형성

이론과 대상관계 이론, 인지행동치료, 인간중심 이론 그리고 과거 탐색 기법, 과제 부여, 말속의 말 찾기, 질문하기, 직면과 둔감화, 욕구강화형성 등 다양한 기법을 활용해 상담을 진행하고자 한다. 이를 통해 내담자가 미해결 과제와 걸림에서 벗어나 삶의 질을 높이고, 자존감을 높여 사회생활에 보다 더 건강하고 성숙한 변화를 이끌어 내고자 한다.

# 4. 상담 과정

　가을 하늘 아래 붉은 대추가 탐스럽게 주렁주렁 영글어 있다. 먹기
좋은 열매가 되기까지 수많은 뙤약볕과 폭풍우와 바람을 견디고 열매
라는 결실을 맺게 된다. 대추를 먹어 본 사람은 대추씨가 한 개 인 것
을 안다. 그러나 그 씨에 몇 개의 대추가 열릴지는 아무도 모른다. 척
박한 땅에 떨어져 싹도 움트지 못하고 말라 죽게 되거나, 옥토에 떨어
져 싹이 트고, 줄기가 되고, 둥치가 되어 잎이 무성하고 커다란 나무가
되어 열매도 주렁주렁 영글게 되기도 한다.

　인간의 삶도 이와 같이 어느 환경에 처해 있는가에 따라 굴곡이 심
한 삶을 살아가는지, 평탄한 인생을 살아가는지 달라지게 된다. 주어
진 환경이 어렵다고, 팔자타령이나 운명으로 받아들이고, 자포자기와
합리화를 하며 살아가는 사람들이 있는가 하면, 이와 달리 어려운 환
경에서도 주변 탓으로만 돌리지 않고 더 나은 상황으로 변화시키며, 끊
임없는 자기계발을 통해 열등감을 극복해 더 나은 삶으로 승화시키기
도 한다. 칠흑 같은 어둠 속에서도 마음에 희망을 품고 산다면 길을 잃

심리상담 사례 분석의 실제

지 않는다.

## 1) 상담 기간

2024년 5월~2024년 8월

## 2) 상담 회기별 요약

### ◇ 1회기 ◇

어떻게 살아갈까? 잘살아야지. 어떻게 해야 잘 사는가? 나답게 살아 야지……. 인간은 무엇으로 사는가? 사람답게 살아가기 위해 어떤 길 을 가야 하는가? 부모는 무엇인가? 준비되지 않은 부모의 행동이 자녀 에게 미치는 영향은 어떠한가? 이 사례를 접하며 수많은 생각에 잠기 게 된다.

심리상담에서 상담자란 심인성질환으로 인해 삶의 질이 낮아진 내 담자에게 상담을 통해 미해결 과제, 걸림 등을 해소할 수 있도록 조력 해 삶의 질을 향상시켜 주는 사람이다. 상담자는 내담자의 이야기를 경청하면서 말속의 말을 찾고 적절한 질문을 한다. 상담 목표를 정하 고 목표에 초점을 맞추어 상담 내용을 초기, 중기, 종결기로 구조화하 고 각 단계별로 상황에 맞는 기법을 활용한다.

내담자란 부정적 경험 또는 심인성질환이 유발인자(연상상황, 연상기 억)에 의해 증상이 발현되어 심리적·정서적·정신적 어려움을 겪고 있 으며, 이를 해소하고자 상담을 받으러 온 사람을 의미한다. 상담 과정에서 내담자는 자신이 경험한 과거 또는 현재 겪고 있는 심인성질환에 대해 이야기하며 상담을 통해 삶의 질을 향상시키고자 한다.

상담자가 만나는 내담자는 상담 과정에서 자신이 경험한 다양한 이야기를 하게 된다. 논리 정연하게 이야기하면서 핵심 내용은 피하는 내담자도 있고, 두서없이 파편화시키듯이 이야기하는 내담자도 있다. 또한 방어기제가 활성화되어 의도적으로 하고 싶은 이야기나 실제로는 없는 일을 사실처럼 꾸며 이야기할 수도 있다.

상담자는 내담자의 이야기를 들으면서 말속의 말을 찾아야 한다. 그러나 말속의 말을 찾기 위해서는 내담자의 말이 들려야 한다. 내담자의 말이 들려야 말속의 말을 찾고, 적절한 질문도 하고 상담 내용을 구조화시켜 접근을 할 수 있기 때문이다. 이렇게 되기까지 일정 수련 기간이 필요하다. 상담자는 첫 회기에 상담의 구조화를 위해서 상담동의서, 상담신청서, 개인정보 수집·이용 동의서를 작성하게 한다. 이와 함께 라포 형성을 위해 안전한 공간에서 편안한 분위기를 조성한다.

(전략)

**상담자**: 호칭을 어떻게 하는 것이 좋을까요? 선생님이라 해도 될까요?

**내담자**: 음, 선생님은 부담스럽고요. 제 이름을 불러 주세요. 순희(가명)라고.

**상담자**: 에, 알겠습니다. 그러면 호칭을 순희 씨라고 하겠습니다. ("에.") 그러면 순희 씨는 이 상담에서 무엇이 변화되면 좋겠는지요? 상담신청서에는 해결하고 싶은 내용이 열등감, 낮은 자존감, 성격 문제라고 적었는데요. ("에.") 그럼 이걸 상담 목표로 잡아도 될까요?

**내담자**: 에, 상담을 통해서 열등감하고 낮은 자존감을 해결하고 싶어요.

**상담자**: 그러면 상담 끝날 때까지 상담 목표에 초점을 맞추어 진행하도록 할게요. 그리고 상담 회기가 끝날 때마다 과제를 내줄 거예요. 과제를 하다 보면 점차 변화를 체감할 거예요. 앞서 상담을 받은 사람들의 공통점이에요.

호칭이란 말을 걸기 위해 이름을 지어 상대를 부르는 것이다. 내담자와 관계 형성을 하기 위해 중요하며, 내담자의 의사를 존중해서 바라는 대로 불러 주는 것이 바람직하다. 그러나 내담자가 원하더라도 하대를 하는 것은 바람직하지 않다. 호칭에는 상대를 존중하고, 듣기에 부담이 없어야 한다. 이와 함께 초기에는 탐색과 함께 상담 목표를 정해야 한다. 상담 목표는 상담신청서(기관마다 차이는 있다.)에 '이 상담에서 무엇이 변화하면 좋겠는가'에 기재된 내용과 주 호소 내용을 참고해 정하면 된다. 내담자는 '열등감과 낮은 자존감의 해소'를 상담에서 다루어 주기를 원했다.

(중략)

**내담자**: 중학교, 고등학교를 검정고시를 보고······.

**상담자**: 아, 중학교, 고등학교 검정고시.

**내담자**: 그리고 고등학교는 학력, 학력이 인정이 안 되는 비인가 대안 학교를 다녔어요. 그리고 18살에 희망(가명)전문대학에 입학하고, 20살에 전문대학을 졸업했어요.

**상담자**: 중학교, 고등학교를 검정고시로 졸업을 했다면 많이 힘드셨을 텐데요. 검정고시를 선택하게 된 이유가 있나요?

**내담자**: 그냥 중학교를 한 학기 정도 다녔었는데 이제 좀 그런 친구들이랑 어울리다가 제가 사고도 치고, 가출도 하고 그러다가 이제 엄마, 아빠가 대안 학교를······. 공공방송(가명)에서 보니까 너무 자유롭고 좋아 보인다 해서 중학교 3학년 때인가 2학년 때인가 대안 학교로 갔었던 것 같아요. 자퇴를 하고

**상담자**: 중학교 1학년 때 친구들하고 어울리고, 가출하고 그랬다고 했는데, 그때는······.

내담자: (말을 가로채며) 일단 노는 게 좋기도 하고 통금 시간이 저녁 7시인가 그랬어요.

상담자: 아, 집에 통금 시간.

내담자: 예, 그게 너무 짧기도 하고, 답답했고⋯⋯. 또 부모님이 그때 별거를 몇 번 했었어요.

상담자: 아, 부모님 별거.

내담자: 그런 영향도 있었던 것 같아요.

상담자: 그렇죠. 그러면 가출은 얼마나 한 거예요?

내담자: 어, 횟수는 한 열 번 한 거 같아요.

상담자: 아, 열 번.

내담자: 길면 석 달. 석 달이 최고 길었어요.

상담자: 그러면 주로 중학교 때 가출을 하면 친구들하고 같이 다니면서 어려움도 많이 겪었을 텐데, 텔레비전이나 이런 데서 보면 가출하는 청소년들 거리 생활을 하면서 어려움도 겪고 그랬다는데 어땠어요?

내담자: 그냥 오빠들하고, 친구들하고 노는 게 좋아서 술 마시고, 담배도 피우고, 친구 집이나 오빠들 집에 가서 함께 잠을 자고, 공원 화장실에서 잘 때도 있고요.

상담자: 그러면 담배하고 술은 이때부터 하기 시작했네요. ("예.") 그러면 지금도 술, 담배를 하고.

내담자: 담배는 피우는데, 술은 제가 못하는 편이라 잘은 못 먹고⋯⋯. 요즘 좀 많이 먹긴 해요. 요즘 자주 먹어요.

상담자: 아, 요즘⋯⋯. 요즘 자주 먹는 이유가 있어요?

내담자: 어, 혼자 사니까 뭔가 외롭기도 하고.

상담자: 그러면 보통 담배는 하루에 얼마나 피워요?

내담자: 한 갑.

상담자: 한 갑……. 요즘 담배 피우는 공간이 점차 줄어들잖아요?

내담자: 맞아요.

상담자: 담배 피우기도 불편할 텐데요.

내담자: 맞아요. 눈치도 보이고.


(하략)


심리상담에서 탐색은 상담자가 내담자의 감정, 생각, 행동패턴을 이해하고, 무의식적으로 유지해 온 습관·신념을 파악하기 위한 것이다. 또한 탐색을 통해 미해결 과제, 걸림, 핵심 감정의 형성과정, 유지요인, 유발인자, 증상발현 등에 대해 이해한다.

내담자의 성격, 성향, 가치관은 어린 시절 성장 과정에서의 경험이 미치는 영향이 크다. 내담자의 긍정적 변화와 치유를 위해 상담자는 내담자의 삶에서 중요한 경험과 사건들이 현재의 심인성질환과 어떻게 연관되어 있는지 탐색해야 한다.

과제 부여는 상담자가 내담자에게 내어주는 것으로 내담자는 상담실 밖에서 상담자가 제시한 과제를 이행하게 된다. 이를 통해 상담이 말로만 끝나지 않고 행동으로 이어지게 한다. 과제의 기능은 실생활의 여러 상황에서 일어나는 문제들을 다루기 위한 심리치료 과정이다. 상담자는 내담자의 상황에 따라 과제를 부여할 수 있으며, 성공적인 과제

심리상담 사례 분석의 실제

수행은 내담자의 긍정적 변화의 속도를 높이고 성취감을 증대시킨다.

내담자의 긍정적 변화와 자아존중감 향상을 위해 과제를 내주었다. '쉬는 날 산책 한 시간 하기', '하루에 햇빛 20분 이상 쐬기', '물 평소보다 더 마시기' 세 가지를 내주었다. 산책하기는 걷기명상으로서 걷다 보면 다양한 일들이 떠오르게 된다. 부정적 생각이 올라올 때 주변을 바라보면 시각이 머무는 곳이 전경으로 올라오고, 어두운 그림자는 배경으로 물러나게 된다. 햇빛을 쐬라는 것은 우울증 예방에 도움이 된다. 또한 비타민 D를 형성하고, 뼈를 강화시켜 골다공증 예방에 도움이 된다. 물을 평소보다 더 마시라는 것은 몸에 쌓인 노폐물을 배설하고 콩팥기능을 활성화시키기 때문이다.

## ◇ 2회기 ◇

서로의 신뢰 관계를 의미하는 라포는 상담의 초기부터 종결까지 전체 과정에 형성되어야 한다. 상담자가 안전한 공간 내에서 따듯하고 편안한 분위기 조성과 믿음과 신뢰감을 주었을 때, 내담자는 자신이 가지고 있는 어두운 그림자에 대해 이야기를 하게 된다. 이를 통해 상담자는 내담자를 더 빨리 이해하게 되며, 상담 과정에서 저항이 일어나도 서로에 대한 신뢰가 형성되었기 때문에 미해결 과제로 남지 않고 쉽게 해결되기도 한다.

초기 상담에서 내담자의 탐색을 위해 가계도의 활용은 중요하다. 가계도는 가족의 구조를 나타내는 지도와 같은 것이다. 가족 구성원의

개인적인 특성은 물론 구성원들의 관계를 기호로 표시할 수 있으며, 관계망도 알 수 있다. 상담 초기에 탐색을 위한 도구로 사용되며, 가족원들 간의 관계와 특징을 파악하는데 유용하게 사용된다. 현재와 과거의 가족 모습을 비교할 수 있으며, 가족체계가 만들어 내는 역기능적인 구조를 설명할 수 있다. 이와 함께 내담자가 처한 가족 내 상황을 파악하고 이해하며, 조력할 수 있는 합리적 근거가 된다. 가계도를 작성하기 전에 사전 설명을 하고, 내담자의 이야기를 들으면서 그리기 시작한다.

## ▌관계 형성, 탐색, 가계도, 과제 부여 ▌

(전략)

**상담자**: 이번에는 순희 씨의 가계도를 그려 볼게요. ("예.") 순희 씨는 지금 형제 관계는 어떻게 돼요?

**내담자**: 외동이에요.

**상담자**: 그러면 부모님은 다 계시고요? ("예.") 아버님 연세는 어떻게 돼요?

**내담자**: 50세인 거 같아요.

**상담자**: 50세.

**내담자**: 예, 어머니도 50세이시고요.

**상담자**: 50세, 그러면 아버님은 교육은 어디까지 마쳤어요?

**내담자:** 두 분 다 고등학교 졸업했어요.

**상담자:** 그럼 아버님은 지금 경제활동을 하나요? ("예.") 어떤?

**내담자:** 조그만 가게를 운영하고 있어요.

**상담자:** 자영업.

**내담자:** 두 분이 같이 운영해요.

**상담자:** 건강은 어때요?

**내담자:** 좋으신 것 같아요.

**상담자:** 성격은 좀 어떤 것 같아요?

**내담자:** 음, 이기적인 게 있고 충동적이고, 좀 어른답지 못한 면이 많은 것 같아요.

**상담자:** 자상한 편인가요?

**내담자:** 아버지요? 음, 친구 같아요.

**상담자:** 친구 같고. 자, 이제 어머니는?

**내담자:** 어머니는 조용하고.

**상담자:** 건강은?

**내담자:** 건강 좋으세요. 몸이 약한 편이긴 한데 큰 병은 없으시고.

**상담자:** 그러면 성격은?

**내담자:** 조용하고, 예민하고 그런 것 같아요. 엄마도 좀 친구 같은 면이 있어요.

**상담자:** 아, 친구 같은.

**내담자:** 잘 받아 줘요.

**상담자:** 순희 씨는 25살. ("예.") 그리고 알바. ("예.") 건강은 좀 어때요?

내담자: 저는 좀 되게 예민한 편이라……. 그리고 소화불량이 되게 많고, 음, 그런 것 같아요. 소화불량이 제일 문제인 것 같고, 그게 제일 큰 것 같아요. 그 이외에는 건강한 편인 것 같아요.

상담자: 성격은?

내담자: 음, 좀 낯도 가리고, 혼자 있는 거 좋아하고, 저도 되게 예민하고 그런 성격인 것 같아요.

(중략)

상담자: 친할아버지는 지금 연세가 어떻게 돼요?

내담자: 어, 연세는 모르겠고 돌아가셨어요.

상담자: 돌아가셨고……. 그럼 친할머니는 계시고요. ("예.") 그럼 연세가?

내담자: 74세 정도 되셨던 것 같아요.

상담자: 음, 74세 정도……. 그럼 전업주부셨겠네요.

내담자: 아니요. 계속 일하셨어요.

상담자: 그럼 지금도?

내담자: 지금도 중개업(가명) 소장, 그런 거…….

상담자: 그러면 자영업인가요?

내담자: 그런 것 같아요. 계속 그거 하셨어요.

상담자: 74세에도 경제활동을 한다는 것은 대단한 거예요.

내담자: 여장부세요.

**상담자**: 교육은 어디까지?

**내담자**: 그건 모르겠어요. 근데 대학은 안 나오신 걸로 알아요.

**상담자**: 건강은 어때요?

**내담자**: 최근에 무릎 수술을 하신 거 빼고는 엄청 건강하세요.

**상담자**: 그럼 성격은 어때요?

**내담자**: 아, 화가 많고, 진짜 여장부 성격, 남자 같고.

**상담자**: 괄괄하고.

**내담자**: 예, 욕도 많이 하시고 그런 성격이에요. 그러면서도 따듯한 그런 것도 있지만.

**상담자**: 그러면 이제 큰아버지 쪽으로 와 볼게요. 결혼했나요?

**내담자**: 아니요.

**상담자**: 독신이에요? ("예.") 나이가?

**내담자**: 52세 그 정도 된 거 같은.

**상담자**: 그러면 교육은?

**내담자**: 고졸이에요.

**상담자**: 고졸, 직업은?

**내담자**: 무직이에요.

**상담자**: 무직, 그러면 건강은?

**내담자**: 건강은 좋은 것 같아요.

**상담자**: 그러면 성격은?

**내담자**: 엄청 조용하고 낯을 가리고.

**상담자**: 조용하고 낯을 가리고.

**내담자**: 세상과 단절된 그런.

**상담자**: 은둔형.

**내담자**: 예, 엄청이요.

**상담자**: 엄청.

**내담자**: 한 20년째 집에만 있고 집 밖으로 한 발자국도 안 나와요.

**상담자**: 아, 그러면 집 밖으로 한 발자국도 안 나온다고 하면 생활은 어떻게?

**내담자**: 할머니가 밥해 주고 두 분이서 같이 살아요.

**상담자**: 아, 걱정이 많겠네…….

**내담자**: 맞아요.

(하략)

내담자는 가계도를 그리면서 가족들에 대해 다시 한번 생각하게 되었다고 했다. 상담자의 질문에 대해 거부감이 없이 이야기하고 있으나, 가족에 대해 좋은 점만 이야기하는 등 방어기제가 활성화되고 있었다.

방어기제는 심리기제로서 관계 속에서 대처하는 행동을 의미한다. 방어기제는 일상에서 사용하는 방어기제가 있고, 스트레스를 받았을 때 사용하는 방어기제가 있다. 상담 과정에서 내담자가 사용하는 방어기제가 어떠한 종류인지를 파악한다면 내담자에 대해 이해하는 데 도움이 된다.

사람은 심리적·정서적 안정을 원하지만 자신의 의도와 관계없이 어려움에 처하기도 한다. 특히 사회적·도덕적으로 용납되지 않는 성적 충동, 공격욕구, 미움, 원한 등은 하나의 위험으로 인식되어지고 그로 인

심리상담 사례 분석의 실제

해 불안을 느끼는데 이때의 불안은 본능적 욕구에 대한 초자아의 위협에 의한 불안이라 할 수 있다. 이때 자아는 불안을 처리해 마음의 안정을 회복하려고 노력을 하게 된다. 이것이 바로 방어기제인 것이다.

인간은 어린 시절 성장 과정에 사용하던 원시적인 방어기제를 성인이 된 이후에도 사용하게 된다. 이러한 방어기제는 성장 과정을 통해 성숙한 방어기제로 발전해 간다. 성인이 될 무렵에는 안정된 양상을 가진 특정한 방어기제가 대두되고, 개개인이 사용하는 방어기제는 특별한 계기가 없는 한 변화하지 않는다. 이러한 방어기제는 성장 과정에서의 특정 시기와 관계가 있기에 내담자가 사용하는 방어기제에 대한 탐색은 중요하다. 이러한 방어기제는 정신병리상태 뿐만 아니라 정상상태에서도 사용된다. 인간이 가지고 있는 특성은 그가 어떤 방어기제를 주로 사용하고 있느냐 하는 것으로 알 수 있기에 성격 변화를 목적으로 하는 심리상담은 내담자가 사용하는 방어기제의 재조정이라 할 수 있다.


## ◇ 3회기 ◇


자아존중감은 자신에 대한 가치 평가에 관한 것으로 스스로 가치 있는 존재로 보는 태도, 자기수용, 자기존중, 자기인정 등 그에 따른 감정을 의미한다. 이러한 감정은 주변 환경의 사람들의 태도에 의해서 영향을 받는다. 또한 자아존중감은 자기 자신에 대한 가치관으로서 정신건강과 신체적 건강에도 영향을 미친다. 자아존중감이 높은 사람들은 울타리가 강해 외풍에 쉽게 영향을 받지 않는다. 회복탄력성이 강해 일시적인 어려움을 겪더라도 다시 원상태로 회복하게 되며, 피해의식과 열등감이 적다.

그러나 자아존중감이 낮은 사람들은 울타리가 약해 외풍에 쉽게 영향을 받는다. 회복탄력성이 낮아 어두운 그림자로 인해 스스로 힘들게 하며, 심리적·정서적·정신적으로 어려움을 겪게 된다. 그리하여 피해의식과 열등감이 심하게 된다. 따라서 피해의식과 열등감의 극복을 위해서는 자아존중감을 높여야 한다.


## ▌탐색, 과제 부여 ▌

(전략)

**상담자**: 지난 상담 때 상담 목표가 성격 문제, 낮은 자존감하고 열등감이라고 했는데 어느 때 열등감을 많이 느끼시나요?

**내담자**: 음, 저보다 잘난 사람을 보면 더 심하게 느끼는 것 같아요.

**상담자**: 아, 나보다 잘난 사람을 보면……. 그건 보통 사람들도 그러지 않나요?

**내담자**: 근데 좀 제가 생각하기에 스스로 너무 심하다는 생각이 들더라고요.

**상담자**: 아, 심하다.

**내담자**: 그러면서 나 스스로를 깎아내리게 되고, 나 스스로를 힘들

게 하는.

**상담자**: 음, 그러면 어느 정도 나를 힘들게 해요?

**내담자**: 거의 그냥 무슨 문제가 생기면 하루 종일 생각을 하고 고민이 엄청 많아요, 제가.

**상담자**: 고민이 많고.

**내담자**: 예민하고.

**상담자**: 예민하고.

**내담자**: 그럼 또 바로 속이 안 좋고, 그럼 화장실도 잘 못 가고.

**상담자**: 속이 안 좋고.

**내담자**: 예, 그게 꿈으로도 나오고 그러거든요.

**상담자**: 꿈으로도 나오고. 그러면 최근에 어떤 고민을 많이 했어요?

**내담자**: 음, 제가 자주 가는 모임이 있는데 이야기를 나누다 보면 다들 나보다 잘난 거예요. 이야기도 잘하고⋯⋯. 제가 또 질투가 되게 심해요. 그 모임에서 아는 분이 있는데 그분이 자기 아는 분이랑 같이 있으니까 그것도 막 질투가 나고, 기분도 안 좋고. 그러다가 저한테 사람들하고 잘 어울리지 못하고, 어찌고저쩌고 하면서 뭐라고 했었거든요. 그때 진짜 너무 기분 나빴어요.

**상담자**: 보통 사람들도 잘 어울리는 사람도 있고, 어울리지 못하는 사람들도 있는데, 순희 씨는 그걸 깊이 생각하게 되었네요.

**내담자**: 사람들하고 이야기하다 보면 침묵하게 될 때가 있는데 저는 침묵하는 것을 못 견뎌요. 그래서 그 모임에서도 이야기를 많이 하게 되고, 사실 그 모임에서 했던 이야기가 한 70퍼센

트는 거의 만든 이야기였어요. 제 진짜 고민은 있었지만 그 대로 보일 수는 없었고 그렇다고 내 이야기를 하고 싶지 않고, 근데 뭔가 내가 빨리 이야기를 안 하면 아무도 이야기 안 할 것 같고 그래서 그냥 막 되는 대로 그냥 말을 했는데…… 아무 말도 안 하니까, 진짜 숨이 막히더라고요. 그랬었어요.

(중략)

내담자: 내적인 자존감은 잘 모르겠고, 외적인 자존감은 되게 낮아요.

상담자: 어떤 부분에 의해서 자존감이 낮아지는 걸 느끼게 되나요?

내담자: 어, 그러니까 제가 너무 이상적인 걸 바라고 그런 것 같고, 연예인과 나를 비교한다든지 아니면 그런 것들을 하니까 자꾸 내 눈이 마음에 안 들고, 코가 너무 마음에 안 들고, 얼굴이 너무 큰 것 같고, 그런 생각들이 되게 많아요.

상담자: 보통 일반인들도 외모에 관심을 갖고 있지 않나요?

내담자: 그렇죠. 근데 막 그거에 엄청 집착하고 하루 종일 그것만 생각하고, 또 저는 그런 고민을 하다가 결국 나는 왜 살지, 이런 생각까지 가게 되는 것 같아요. 파국적으로 고민이 되게…… 그리고 제가 만족을 못 하나 봐요. 제가 불평을 하면서 노력은 안 하는데 만족은 못하고, 저도 사실 너무 잘 알고 있거든요. 그래서 제가 너무 답답해요.

심리상담 사례 분석의 실제

**상담자**: 노력은 안 하고 비교……. 순희 씨는 지금 자신이 만든 틀 안에 갇혀 있는 것 같아요. ("예.") 남들이 순희 씨를 볼 때 어떨까요? 지금까지 이야기한 것은 순희 씨 생각이고. 순희 씨 틀 안에서.

**내담자**: 남들이 저를 볼 때요……. 굳이 왜 저렇게까지 생각을 하지, 이런 식으로 생각할 것 같아요.

**상담자**: 남들이 순희 씨를 보았을 때 객관적으로 '달란트가 많다.' 그렇게 볼 거예요. 우선 얼굴이 예뻐요. 그리고 얼굴이 그렇게 크지 않아요.

**내담자**: 아, 예.

**상담자**: 얼굴이 눈, 코, 입 균형이 잘 이루어져 있고, 한국적 미인 스타일인 것 같아요. 얼굴에 대해서는 자신감을 가져도 돼요. 몸매도 그 나이 때에 적절해요. 남보다 뛰어나지도, 못하지도 않아요. 그리고 다만 키가 조금 남들보다 작다.

**내담자**: 음, 맞아요.

(하략)

콤플렉스(complex)는 무의식적으로 작용하는 감정적 집합체로, 개인이 자신의 약점이나 열등감을 느끼는 부분을 의미하며, 외모, 성격, 능력 등에서 스스로 부족하다고 생각하는 심리적 상태다. 개인의 행동과 사고에 영향을 미치게 되며, 자신감을 잃게 하거나 불안, 자존감 저하 등 부정적인 영향을 줄 수 있다.

내담자는 대인관계에 어려움을 겪고 있으며, 외모에 대한 콤플렉스를 가지고 있다. 이러한 요인은 하루아침에 형성된 것이 아니고 어린 시절 성장 과정에서 양육자와의 애착 형성 결여와 인정욕구 미충족 그리고 성장환경의 영향으로 인해 형성된 것이다.

내담자에게 과제를 내주었으며, 확인했다. 과제 부여는 내담자의 긍정적 변화와 상담 목표의 달성을 위해 중요하다.

## ◇ 4회기 ◇

상담 장면에서 상담자와 내담자는 긍정적 변화와 치유라는 공동의 목표를 가지고 만나게 된다. 상담자가 만나는 내담자는 개인상담, 부부상담, 가족상담 등 다양한 주제를 가지고 오며, 같은 문제를 가지고 오는 내담자는 없다. 다수의 내담자는 자신을 합리화하고, 과거 지향적이며, 남의 탓을 하는 공통점이 있다. 상담에 임하는 마음 역시 다르게 나타난다. 특히 비자발적 내담자의 경우 방어기제가 활성화되어 상담자를 어렵게 하기도 한다. 질문에 단답으로 임하거나 또는 침묵이나, 냉소적 반응, 거짓으로 지어낸 이야기를 할 수도 있다.

내담자의 성격, 성향, 가치관은 하루아침에 형성된 것이 아니고 오랜 시간 지속된 습관들이 고착화되어 현재의 모습을 형성하게 된 것이다. 내담자가 가지고 있는 심인성질환은 과거의 경험과 연관되어 있으며, 어느 시기에 미해결 과제, 걸림 등이 있는지 과거 탐색을 통해 살펴보아야 한다.

(전략)

**상담자**: 어떻게, 짧은 시간에 과거 탐색은 잘하셨는지요?

**내담자**: 예, 여러 가지가 떠올랐어요. 되게.

**상담자**: 평상시 생각하지 않았던 부분들이 툭툭 올라올 거예요. 순희 씨의 경우 가장 어렸을 때 초기 기억은 어떤 기억이 떠오르나요? 누구하고 무엇을 하고 있고, 그때 느낌이나 기분은 좀 어떠한지요?

**내담자**: 제가 나름 충격을 받았던 건가 봐요. 엄마가 집 안 정리를 하고 있었어요. 그때 비디오테이프를 발견했어요. 그게 무슨 기타라고 적힌 거예요. 혼자 있을 때 그걸 보았는데 성인 비디오인 거예요.

**상담자**: 아, 포르노.

**내담자**: 예, 그게 아직도 기억이 나요.

**상담자**: 이때가 몇 살 때예요?

**내담자**: 유치원 다닐 때였을 거예요.

**상담자**: 유치원이면 6살?

**내담자**: 그 정도 되었을 거예요.

**상담자**: 과거 탐색을 하다 보면 보통 5살이나 6살 때 기억을 가장 많이들 해요……. 6살 때 포르노 비디오를 보게 된 것은…… 처음 보았을 때는 호기심도 있었을 거예요. 비디오

를 보았을 때 좀 어땠어요?

**내담자**: 엄청 막 두근두근하고, 놀라고 깜짝 놀랐던 거 같아요. 보면 안 되는 걸 본 그런 느낌, 충격적이고.

**상담자**: 어떤 점이 충격적으로 다가왔어요?

**내담자**: 일단 사람들이 다 벗고 있고, 남자의 성기를 그렇게 제대로 본 게 처음이었고 그랬던 것 같아요. 그런 장면들이.

**상담자**: 거기에 성관계하고 그런 장면들이.

**내담자**: 예, 놀라기도 하고 호기심도 있고······.

**상담자**: 그럼 이 시기 전후로 또 생각나는 부분은?

**내담자**: 전으로는 없고, 음, 그냥 여태까지 만났던 남자 친구들.

(중략)

**내담자**: 14살 때 이제 중학교 1학년 때 제가 자퇴를 했으니까, 대안 학교 다닐 땐데.

**상담자**: 학교 자퇴, 대안 학교.

**내담자**: 그냥 학교, 대안 학교, 특정 장면이 떠오른다기보다 그 대안 학교라는 그런 느낌이 떠올랐어요.

**상담자**: 그때 느낌이나 기분은 어땠어요?

**내담자**: 너무 즐겁고, 재미있고 정말 좋았어요.

**상담자**: 즐겁고 재미있었다. 또 올라오면서, 다른 기억들은?

**내담자**: 18살 때 제가 전문대에 입학했으니까, 그때 사귀었던 남자 친구 생각이 나면서.

**상담자**: 사귀던 남자 친구, 이때 느낌이나 기분은 어땠어요?

**내담자**: 음, 좋았고 속상한 일도 많아서.

**상담자**: 좋았던 것은 어떤 점이 좋았어요?

**내담자**: 그냥 제가 많이 좋아했으니까, 사귀게 돼서 좋았고. 속상한 것은, 성격이 맞지 않았어요. 되게 그런 기억들.

**상담자**: 그러면 또 올라오면서 다른 기억은?

**내담자**: 19살부터 22살까지 인가, 3년 동안 남자친구를 사귀었는데 그냥 개랑 사귀었던 그런 생각이 나면서 좋았어요.

**상담자**: 그러면 주로 뭐 하고 지냈나요?

**내담자**: 남자친구랑요. 여행도 가고, 3년을 만났으니까 이것저것 되게 많이 하긴 했어요. 뭐 놀러도 가고 맨날 붙어 있었어요. 맨날 같이 있었어요.

**상담자**: 아, 맨날……. 그러면 이 시기에 잠자리도 같이하고 그랬겠네요.

**내담자**: 예, 예. 만날 때마다.

**상담자**: 음, 여기까지만 살펴보도록 할게요. 과거 탐색을 해 보았는데 가족들 이야기가 안 나오는 것 같아요. 그리고 순희 씨는 팔과 다리 여러 곳에 문신을 하고 있어요. ("예.") 이런 문신을 하게 된 이야기도 있고, 겉으로 보이는 것만 보더라도……. 문신은 언제 처음으로 하게 된 거예요?

**내담자**: 고등학교 1학년 나이였던 거 같아요. 나이로는 17, 16살, 뭐 그랬던 것 같아요.

**상담자**: 특별한 계기가 있나요?

**내담자**: 아빠가 제가 초등학교 때부터 문신이 있었어요. 문신이라는
　　　　 걸 잘 몰랐다가 중학교 때 아빠가 한 거는 문신이라는 것을
　　　　 알고 너무 하고 싶은 거예요. 멋있어 보여서 졸랐죠. 부모님
　　　　 동의하에 하게 됐어요. 이렇게 뭐 질문을 해서 대답을 하는
　　　　 건 다 말을 하는데, 아까 과거 탐색을 할 때 뭔가 떠오르지
　　　　 않았던 거 같아요.

**상담자**: 방어기제가 활성화되고 있다.

**내담자**: 아, 맞아요. 맞아요. 집중도 안 되고.

**상담자**: 오늘 상담 마치고 집에 돌아가면 다음 상담 때까지 많은 생
　　　　 각들이 올라올 거예요. 오늘 못다 한 이야기나 떠오르는 이
　　　　 야기가 있다면 다음 시간에 다루도록 해요.

(하략)

　　과거 탐색은 내담자의 초기경험과 성장기 과정을 상담으로 자연스럽
게 이끌어 내기 위한 상담기법의 일환으로 필자(임향빈)에 의해 창안된
기법이다. 성장 과정에서 경험한 일들이 내담자의 성격, 성향, 가치관
에 미치는 영향이 크다. 내담자가 현재 표출하고 있는 병리적 증상은
과거의 경험과 연관되어 있으며, 긍정적 변화를 위해서는 과거 탐색이
필요하다. 이를 통해 내담자의 초기경험과 성장 과정에 대해 살펴보고
현재의 미해결 과제, 걸림, 핵심 감정에 어떠한 영향을 미치고 있는지
살펴보아야 한다.

　　내담자는 과거 탐색을 통해 성장 과정에서 경험한 일들을 반추했다.

　　　　　　　　　　　　심리상담 사례 분석의 실제

심리상담에서 반추는 어떠한 일을 되풀이해 사물 또는 개념의 속 내용을 새겨서 느끼거나 생각하는 것으로 과거의 일들을 되돌아보며 생각하는 것이다. 내담자는 6살 때 어머니가 집 안 정리를 하고 있을 때 성인 비디오테이프를 보게 되었다. 그 뒤 테이프 내용을 틀어 보게 되었으며, 남녀가 성관계하는 모습과 성기를 보게 되었다. 중학교 1학년 때 자퇴를 했고, 가출을 했으며, 자유분방한 삶을 살게 되었다. 또한 팔과 다리에 커다란 문신이 여러 개 있었다.

필자는 내담자가 살아오면서 경험한 일들이 현재의 병리 증상인 우울증, 열등감, 피해의식, 대인관계의 어려움에 대한 연관성을 살펴보고자 과거의 경험에 대해 직면을 하고자 했다.

## ◇ 5회기 ◇

건강한 가족은 부모와 자녀 간의 위계질서와 적절한 심리적 거리를 유지하고 있다. 만일 부모가 부모로서 기능을 다하지 못하고 자녀와의 관계에서 밀착, 융해되거나 단절되면 가족 기능에 어려움을 가져오게 되며, 이러한 부모 밑에서 성장하는 아이의 삶은 비참하게 된다.

부모의 역할은 아이를 건강하고 바르게 양육하는 데 있기 때문에 부모 자신들이 그들의 체계 안에서 건강한 상호교류를 해야 한다. 이를 통해 그 교류를 자녀에게 관찰하게 함으로써 자녀 스스로 인간관계를 익히게 한다. 또한 부모의 역할 중 중요한 것은 자녀의 양육에 필요한 물질적·정서적인 영양분의 공급, 건강한 훈육, 성의 통제가 가능한 능력을 갖추는 것이다. 부모는 통제하고 제한하는 것을 동시에 하지 않는다면 보호하고 지도할 수 있는 능력을 상실하게 된다.

····································· ▌ **과거 탐색 보완** ▌ ·····································

(전략)

**상담자**: 지난 시간에는 과거 탐색을 했는데 ("예.") 과거 탐색을 해 보니까 어때요?

**내담자**: 어, 잊고 있던 일들이 많이 떠오르고 그런 게 있더라고요. 아무래도.

**상담자**: 평상시 기억하지 않던 일들, 잊고 있던 것들이 과거로, 과거로 들어가다 보면 시기별로 떠오르는 부분들이 있을 거예요. 그러면 떠오르는 부분들은 해결되지 않았거나 그 부분들이 나에게 영향을 미치고 있구나 그렇게 생각하면 돼요. 혹시 지난 상담 이후 떠오르는 부분들이 있나요?

**내담자**: 음, 특별히 그랬던 건 없고 그런데 제가 확실히 좀 방어가 심하다는 게 좀, 생각하기 싫은 거는 그냥 생각을 안 하려고 하거든요.

**상담자**: 억압을 하고 있네요.

**내담자**: 예, 그래서 그런 게 좀 있는 것 같아요. 그런데 그러다 한 번에 터지더라고요. 아니면 꿈으로 나온다든가 그게…….

**상담자**: 어떤 일들이 꿈으로 나오는 것 같아요?

**내담자**: 제가 중학교 3학년 때⋯⋯. 3학년인가 그때쯤부터 한 3년 정
도 사귀었던, 제가 엄청 좋아했던 남자애가 있는데 뚱뚱했
어요. 뚱뚱하고 외모는 누가 봐도 괜찮은데 뚱뚱했어, 자존
감도 낮았고 저는 걔를 되게 좋아했어요. 그런데 그렇게 잘
사귀다가 어느 날 살을 완전 빼고 더 멋있어져서 나타난 거
예요. 근데 저랑 헤어진 상태였고. 근데 그 이후로 걔는 자
존감이 엄청 올라갔고 제 자존감은 떨어졌어요. 그런데 그
런 게 반복되고, 이제 제가 20살 때까지 사귀었어요. 애를.

**상담자**: 중학교 3학년 때부터.

**내담자**: 쭉 사귄 건 아니고 학교를 같이 다니어서 오래 알고 지내고
그랬던 기간이었지만 사귄 건 한 3년 정도⋯⋯. 그런데 얘가
바람을 피워서 헤어졌는데 엄청 이쁜 언니랑 사귀었어요.
바람을 피워서 저는 엄청 상처였던 거죠. 원래도 자존감이
낮은데 더 그러니까⋯⋯. 저는 외적인 자존감이 되게 떨어
져요. 얘가 자꾸, 어제도 그 꿈을 꾸었는데 얘가 자꾸 꿈에
나와요. 생각을 안 해도⋯⋯. 한 6년째 그냥 맨날 거의 얘가
나오는 것 같아요. 아니면 그때 대안 학교에서 같이 지냈던
그런 내용들이 꿈에 나오거나⋯⋯. 아직도 중학교 때 어린
시절이 꿈에 계속 나와요. 저는 그게 너무 싫고 그런 게 있
더라고요. 그런데 솔직히 꿈을 믿는 거는 아니에요. 왜냐하
면 그냥 단순하게 내 무의식적으로 내가 그런 생각을 했기
때문에 걔가 나오는 것이라 생각하고 큰 의미는 없을 거라

생각을 해요. 그게 내 미래를 알려 준다거나 그런 건 없을 거라 생각하는데 현장에서 불만족스러우니까 계속 그런 것들이 꿈에서 나타나는 것 같기도 하고…….

**상담자**: 음, 그렇지.

**내담자**: 그렇더라고요.

**상담자**: 그리고 또 다른 꿈은, 어떤 꿈들이 나와요?

**내담자**: 어, 사실 그 그렇게 어, 제가 어렸을 때……. 말씀 안 드리려고 했었는데 큰아빠한테 성추행을 당한 적이 있어요.

**상담자**: 아, 큰아빠요.

**내담자**: 근데 저도, 저도 성격이 딱 보면 그렇게 옳고 그름을 따지는 성격은 아니에요. 그런 잣대에서 딱 정확한 성격도 아니고 그래서……. 제가 할머니랑 큰아빠랑 저랑 셋이 살았었어요. 엄마, 아빠가 맞벌이하셔서 할머니 집에 맡겨졌었는데 유치원 때부터 중학교 1학년 때까지 그랬어요.

**상담자**: 유치원 때부터.

**내담자**: 중학교 1학년 때까지 할머니 집에서 살았는데 제가 잘 때 팬티나 아니면 속옷만 입고 자거든요. 맨날…… 그냥 편하게. 그런데 자고 있는데 큰아빠가 만지는 거예요. 가슴하고 성기를……. 그런데 어린 저는 제가 약았다고 표현해야 되는지 모르겠는데, 제가 그때 담배를 피웠어요. 큰아빠에게 만지게 해 준다고, 그 대신 담배를 사 달라고 그랬었거든요. 왜냐하면 만지는 게 뭐 닳는 것도 아니고, 좀 더 나한테 이득이 될 방안을 따졌던 것 같아요. 그런 일들이 그래서 가

심리상담 사례 분석의 실제

끔 큰아빠가 꿈에 나와요.

**상담자**: 아, 큰아빠하고 뭐 하는 장면이 나와요?

**내담자**: 어, 막 이렇게 뭔가, 막 나를 만지고 내 위에 올라타고 좋아하는 모습, 나도 그냥 편하게 있어요. 그리고 할머니 집의 일상적인 그런 장면이었던 것 같아요. 어제 꾼 꿈도 큰아빠와 같이 자고 있는 거예요. 그런데 할머니는 없고, 그런데 할머니가 보일러실에 있었던 거예요. 거기서 나와서 "니네 둘이 뭐 하고 있는 거니?" 이래서 "아무것도 안 한다."라고 했고, 이런 꿈이었어요. 무의식적으로 뭔가 그런 게 생각이 나긴 하나 봐요.

**상담자**: 음, 순희 씨가 유치원 때부터 중학교 1학년 때까지 큰아빠가 성추행을 하고 그러면서 반대급부로 담배를 사 달라고 하고……. 그러면 담배는 언제부터 피우기 시작한 거예요?

**내담자**: 입에 댄 거는 초등학교 5학년부터, 제대로 피우기 시작한 것은 중학교 1학년이었던 거 같아요.

**상담자**: 그러면 큰아빠와 할머니 그리고 순희 씨가 한집에 거주했는데 방은 따로따로 있었나요?

**내담자**: 방에 자는 건 나와 큰아빠가 자고, 할머니는 거실에서 잤어요.

**상담자**: 방에서 순희 씨와 큰아빠가 둘이서 있었기에 자연스럽게 만지기도 했겠네요.

**내담자**: 어릴 때부터 큰아빠가 만지고 뽀뽀하고 그렇게 했기에 나를 예뻐해 주는구나, 그렇게 생각했어요. 그냥 뭐 이렇게 만지

게 해 주고 그런데 제가 꿈을 많이 꿨다 했잖아요. 아 이런 꿈도 꿨어요. 제가 큰아빠를 안마해 주는 꿈……. 안마해 준다고 하면서, 이게 제가 어렸을 때잖아요. 기억이 왜곡된 부분도 좀 있는 것 같아요. 이게 꿈이었던 게 사실이었는지, 아니면 사실이었던 게 꿈이었는지 좀 그런 게 있었던 거 같아요.

상담자: 그러면 큰아빠를 안마를 해 주면서 자연스럽게 성기 같은 것도 보게 되고.

내담자: 어, 제 기억이 맞다면 제 손을 큰아빠가 성기에 가져다 대고 만지게 했어요. 큰아빠는 좋아했어요.

상담자: 순희 씨는 그때 어땠어요?

내담자: 그때는 싫지 않았던 거 같아요. 그렇게 하면 큰아빠가 좋아했으니까요. 그리고 큰아빠가 몸을 만지고 애무도 하고 그렇게 하고 나서 용돈을 준다든가 아니면 제가 담배를 사 달라고 하든가 그랬거든요. 큰아빠가 딱 보면 정신연령이 그렇게 성인에 미친다 이런 느낌이 없어요. 성격도 엄청 내성적이고 저랑도 친구처럼 지냈고요. 그래서 그냥 장난치듯이, 나이만 많지 애들 장난치듯이 그랬던 것 같아요. 저도 그런 걸 알게 모르게, 저도 어렸지만 알았어요. 큰아빠가 좀 이상하다. 그래서 저도 그렇게 마음을 편하게 생각했던 것도 있고. 그리고 같은 방에서 함께 생활해야 하니까요.

상담자: 그러면 과거 탐색할 때 엄마가 집 안 정리를 할 때 포르노 비디오를 보게 되고. ("예.") 음, 그러면 이 시기하고 이제 연

결이 되네요.

**내담자**: 어, 그렇죠.

**상담자**: 그러면 그때 이후 포르노 비디오는 자주 보았나요?

**내담자**: 아, 큰아빠 그 컴퓨터에 그런 게 많았어요. 그래서 저도 컴퓨터를 하다가 보기도 하고, 또 사실 저희 아빠 컴퓨터에도 되게 많았어요. 아빠가 성적으로 좀 그런 욕구가 되게 센 걸로 알고 있거든요. 제가 알기로……. 그런 것도 알았고 그래서 저도 자주 보고.

**상담자**: 음, 그거 처음 볼 때 느낌이 어땠어요?

**내담자**: 어, 되게 뭔가 흥분되고 신기하고, 새롭고, 재미있고 그랬죠.

**상담자**: 그러면 처음 성관계를 목격한 것은 언제예요?

**내담자**: 목격한 거, 남이 한 걸 본 거요?

**상담자**: 남이 한 걸 본 거.

**내담자**: 그건 비디오 봤을 때, 6살 때 처음 아닐까요.

**상담자**: 비디오로 보는 것과 실제로 보는 것과는 다르거든요.

**내담자**: 실제로 남이 한 걸 본 것은. 엄마, 아빠가 하는 것을 봤어요. 그리고 어렸을 때부터 엄마랑, 아빠랑, 저랑 셋이서 침대에서 텔레비전을 본다거나 하면 아빠가 엄마 가슴을 이렇게 만지고 애무도 하고 그랬어요. 어렸을 때부터 할머니 집에 가기 전까지 엄마, 아빠는 거실에 나를 놔두고 안방 문 열지 말라고 하며 들어가 버렸어요. 그리고 나서 성관계를 하는 거예요. 이런 걸 자주 보게 되고 그리고 유치원 들어갈 때에 할머니 집으로 갔어요. 그 뒤로 큰아빠와 같은 방을

쓰게 되고 잠을 잘 때에는 큰아빠도 속옷을 걸치지 않았고 나도 답답해서 속옷을 입지 않은 채 지내게 되었어요. 그렇게 지내게 되었어요.

결혼한 부부의 성은 하늘이 내려 준 축복이며, 성관계를 통해 욕구 배출 외에 스킨십을 통한 친밀도를 높인다. 부부의 성관계는 개인의 사생활이므로 존중받아야 하지만 성관계 시 자녀에 노출이 되지 않도록 주의해야 한다. 성에 대한 공간 제한 없이 노출된 환경에 처한 아이는 성 정체성과 성기능에 영향을 미치게 된다. 따라서 부모는 성의 올바른 지식을 갖고 있어야 하며 윤리적·도덕적으로 행해야 하며, 건강한 성, 행복한 성을 추구해야 한다.

**상담자**: 중학교 1학년 때까지 이제 큰아빠하고 친구처럼, 때에 따라서는 담배 사 달라든지, 용돈을 달라고 하든지. 그리고 큰아빠는 본인의 욕구를 충족하기 위해서 순희 씨하고 그런 관계가 되었네요. ("예.") 그 뒤로 필요에 의해서 다른 사람을 만난 적이 있나요?

**내담자**: 필요에 의해서라기보다는 그냥 남자친구들과 평범한 그런 관계는 있었는데……. 중학교 3학년 때부터 3년 동안 사귀던 남자친구하고.

**상담자**: 그러면 그 친구하고는 어떤 관계였어요?

**내담자**: 처음에는 그냥 일반적으로 애들 사귀듯이 사귀다가 얘네 집에 가게 되고 관계를 했었던 것 같아요. 그런 게 많았죠.

그런 관계가 지속되었어요.

상담자: 그리고 또 다른 남자는?

내담자: 그 뒤로 3년 정도 사귄 애가 있는데 개랑 진짜 연애하듯이 했어요. 껌딱지처럼 항상 붙어 다니고 여행도 자주 다니고⋯⋯.

(중략)

상담자: 어렸을 때 내 의지와 관계없이 엄마하고 아빠하고 살지 못하고 할머니 집에 맡겨졌단 말이에요. ("에.") 그때 기분이나 느낌은 어땠어요?

내담자: 어, 되게 이해가 안 됐어요. 나는 그냥 집에 혼자 있어도 괜찮은데 혼자 있으면 위험하다 하고 그래서 할머니 집에 맡긴 거잖아요. 나는 집에 혼자 있어도 되는데 왜 그럴까, 이런 기분이 들었어요.

상담자: 음, 그러다 보니 이제 할머니 말을 잘 들어야 되고.

내담자: 그렇죠.

상담자: 그리고 큰아빠 말도 잘 들어야 하고, 그렇지 않으면 그 집에서 쫓겨나면 나는 어디로 가나, 그러다 보니 더 잘하려고 착한 아이가 되려고 노력할 수밖에 없고.

내담자: 음, 맞아요.

상담자: 그러다 보니까 할머니에게는 착한 손녀딸이 되었을 거고 그리고 큰아빠가 성추행을 해도 나를 사랑하는가 보다, 나를

좋아해 주는구나 그런 쪽으로 생각을 했고. 그러면서 관계를 할 때마다 담배라든지 용돈이라든지 달라고 했고 그걸 주니까 서로가 욕구 충족이 되고. 그런 관계가 지속적으로 이루어지지 않았을까요. 그러다가 중학교 1학년 이후 집을 나오게 돼요. 그 후 부모님 집으로 들어가게 되나요?

**내담자**: 그때 뭐 가출을 하고……. 청소년 쉼터에서 석 달 정도 있었고 그러다가 집에 들어갔죠. 엄마, 아빠 사는 집에.

**상담자**: 처음 가출한 이유가 있을 거 아니에요?

**내담자**: 음, 단순하게 놀고 싶었어요.

**상담자**: 놀고 싶어서.

**내담자**: 할머니 집은 무조건 통금 시간이 저녁 7시까지이고 그런데 내 친구들은 밤10시 넘게까지도 놀고. 난 집에 들어가야 되는데. 그게 싫어서 가출을 했죠. 구속받는 게 싫고, 할머니 잔소리도 싫고. 할머니가 욕도 잘하고 목소리도 크고 맨날 화를 내고 그랬거든요. 그래서 가출을 했죠. 가출을 하니까 저를 찾아다니게 되고 엄마랑, 아빠랑 다시 합치게 되고……. 다시 사이가 좋아졌어요.

**상담자**: 그때는 별거 중이었나 봐요.

**내담자**: 예, 별거하다가 제가 집에 들어가면서 다시 원래대로 집이 돌아왔죠. 그리고 한 반년 있다 대안 학교를 들어간 거죠.


(하략)


심리상담 사례 분석의 실제

내담자는 자신의 의지와 관계없이 부모로부터 떨어져 6살 때부터 14살 초반까지 할머니 집에서 살게 되었으며, 분리불안, 격리불안을 느끼게 되었을 것이다. 이로 인해 할머니와 큰아빠의 말을 잘 듣는 아이가 되어야 했고, 환경에 적응하며 살아야 했다. 성장 과정에서 내담자는 등대나 나침반 같은 삶의 방향을 이끌어 줄 어른이나 모델이 없었으며, 부모의 방치 속에 성장했다. 또한 큰아빠와 오랜 기간 방을 함께 사용하면서 체계가 무너지게 되고, 친구이자 서로의 욕구를 충족시켜 주는 관계로 지내게 되었다. 큰아빠와의 관계, 포르노 비디오 등 집안 환경이 성에 대해 절제 없는 자유분방한 태도가 불편함보다는 삶의 일부로 받아들인 것 같다. 이후 친구들과 관계에서 성 욕구를 해소하며 지내게 되었다.

내담자는 억압하고 있던 일들이 꿈이나 현실에서 올라오게 되었다고 했다. 남자친구와 사귄 일들과 마음속에 묻어 두었던 큰아빠한테 성추행당했던 일들이 꿈속에서 나타난다. 관계 후에 큰아빠에게 용돈이나 담배 등 반대급부를 요구하는 등 성인이 된 이후에도 그 모습들이 가끔 꿈에 나올 정도로 그 생활에 길들여진 것 같다. 또한 남들에게 알리고 싶지 않은 치부로 자리 잡고 있으며, 연상상황, 연상기억에 의해 의식 위로 올라오며, 이러한 일들이 마음을 무겁게 하거나 불편해하기보다는 삶의 일부로 자연스럽게 자리 잡고 있었다.

## ◇ 6회기 ◇

내담자의 긍정적 변화를 위해 다양한 기법을 활용하게 되는데 그중 직면과 둔감화가 상담에서 차지하는 비중은 크다. 직면이란 내담자 스스로 자기 말과 행동의 모순적인 면에 주의를 기울이게 하며, 미해결 과제, 걸림, 핵심 감정, 트라우마 등 심적 고통을 주는 요인에 대해 상기시키는 기법이다. 상담자는 내담자가 자신의 모순을 되돌아볼 수 있도록 해야 하며, 이를 통해 자기 행동에 대한 인식을 높일 수 있게 된다.

심리상담에서 직면의 활용은 내담자의 어두운 그림자를 다루는 것이기에 직면에 처한 내담자는 고통스러워하거나 행동화(acting out) 등 증상을 표출하게 된다. 이를 예방하기 위해 상담자는 내담자와의 관계 형성이 잘 이루어져야 하며, 그러하지 못하면 내담자는 상담 과정에서 저항이 일어나 상담 일정을 미루거나, 비호의적 반응을 보이기도 하며, 상담이 중단되기도 한다.

심리상담에서 직면을 시키지 않는다면 내담자의 심리적·정서적·정신적 어려움의 원인이 되는 심인성질환에 대해 다루지 못하게 된다. 이러한 심리상담은 내담자가 상담에서 기대했던 욕구를 충족시켜 주지 못하게 되며, 상담의 효과를 이끌어 내기 어렵게 된다. 즉, 직면은 내담자가 가지고 있는 해결되지 않았거나 처리할 수 없었던 정서적 상황에 대해 안전한 상담 공간 내에서 재노출을 하는 것이며, 이를 통해 과거의 상흔에 대해 치유를 위한 교정적 정서경험과 둔감화를 해야 한다.

둔감화는 내담자의 현재 삶에 부정적 영향을 주는 심인성질환에 대해 상담자가 상담 과정에서 반복적으로 다루어 줌으로써 서서히 고통을 완화시켜 주는 기법이다. 내담자는 고통스러운 감정과 불편한 충동을 자기도 모르는 사이에 유해한 행동으로 표출시키는 대신, 의식으로 끌어올려 그와 관련된 기억을 떠올리고 말로 표현하도록 한다.

둔감화를 상담 과정에 적용하는 것은 내담자가 일정 기간 자신의 어려움을 상담자와 공유해 나감으로써 그 문제의 심각성이나 어려움이 점차 줄어들기 때문이다. 내담자는 자신의 어려움을 상담자에게 이야기하게 되고 긍정적 변화와 치유를 모색하는 과정에서 현실을 직시하고, 자신의 문제를 객관적으로 돌아보게 된다. 즉, 자신의 문제를 반복적으로 이야기하면서 마음의 고통이 점차 완화된다.

───────────────┃ **직면, 둔감화** ┃───────────────

(전략)

**상담자**: 중학교 1학년 때 자퇴를 하게 되는데 어떤 이유가 있었나요?

**내담자**: 그러니까, 어, 그때 친구들이랑 어울려 다니면서 친구들 때린 적도 있고 그런 사건, 사고가 많았어요. 제가 맞은 적도 있어요. 그러면서 학교에서 말이 자퇴이지, 학교에서 그만두게 한 거죠.

**상담자**: 그러니까 일진 비슷하게.

**내담자**: 그렇죠. 그런데 저는 왜 때렸는지 모르겠고, 근데 그래서 원래 다른 학교로 위탁학교 그런 걸 갈 뻔했는데 거기서 전입

신고 문제 이런 게 안 돼 가지고 이제 대안 학교를 알아보게 된 거예요. 저희 교회 선생님이 대안 학교 교사였는데 엄마가 그게 생각이 나서 또 대안 학교가 좋다 이런 이야기를 많이 들어가지고 이렇게 가게 된 거죠.

**상담자**: 아, 많이 힘들었겠네요.

**내담자**: 예…… 많이…….

**상담자**: 대안 학교는 어땠어요?

**내담자**: 잘 지냈던 거 같아요. 재미있게…….

**상담자**: 그러면 대안 학교는 정규과정으로 인정을 받는 학교인가요?

**내담자**: 아니요. 비인가라 검정고시를 따로 봤어요. 중학교, 고등학교.

**상담자**: 쉽지 않았을 텐데요. 검정고시.

**내담자**: 그렇게 생각했는데 그냥 솔직히 60점만 맞으면 되니까, 그냥 조금만 하면 붙는 거 솔직히 어렵지 않으니까 금방 패스했죠.

**상담자**: 순희 씨는 머리가 남들보다 좋은가 봐요. 검정고시 붙을 정도의 실력이면 머리가 좋다는 거예요.

**내담자**: 진짜요?

**상담자**: 남들보다 조금 앞서간다는 거지. 그 덕분에 남들은 3년 동안 학교를 다녀야 중학교나 고등학교를 졸업하는데……. 그러면 얼마 만에 검정고시를 본 거예요?

**내담자**: 이 시험이요. 이 시험은 고1에 고등학교 검정고시까지 다 마친 걸로 기억하거든요.

**상담자**: 고1에 고등학교 검정고시.

**내담자**: 고1인가, 중3인가 그랬어요. 그때까지 중학교, 고등학교 시험 다 보고 이제 18살에 전문대학을 들어갔거든요.

**상담자**: 아, 18살에 전문대학, 그러면 어머니 이야기하다가 이런 이야기까지 나오게 되는데 다시 어머니 이야기를 하면. 그러면 할머니 집에 가기 전에는 어머니와의 관계는 좀 어땠어요?

**내담자**: 어, 기억이 잘 안 나는 게 정말 별거 없었던 것 같아요. 그냥 그렇게 친한 것도 아니고, 안 친한 것도 아니고 엄청 바빴어요. 엄마, 아빠가……. 맨날 새벽 3시, 4시까지 일하고 그때 한창 장사가 잘됐으니까 전화만 하고, 그랬어요.

**상담자**: 그러면 장사라는 건 어떤 장사를 말하는 거예요?

**내담자**: 조그만 가게인데 이것저것 파는 것 같아요.

**상담자**: 그러면 집에서도 혼자 있는 시간이 많았다는 건데 엄마, 아빠가 바쁘니까. ("예.") 그러면 태어나면서 할머니 집에 맡겨질 때까지 그사이 누군가 양육해 주었을 텐데요.

**내담자**: 그때는 일 안 했던 것 같아요. 엄마는.

**상담자**: 그때까지는 엄마가 양육자였고 ("예.") 그 후에 할머니 집에 보내지고. ("예.") 안 떨어지려고 했을 텐데요.

**내담자**: 어, 그러니까 엄마 말로는 뭐 특별히 고집부리고 떼쓰고 그런 성격은 아니었대요.

**상담자**: 그만큼 순희 씨가 엄마하고 애착 형성이 결여됐다. 보통 아이들은 안 떨어지려고 울고 그러는데. 그리고 유치원 때라면 그것이 선명하게 생각이 나는데……. 보통 일반적으로

보았을 때 순희 씨는 엄마가 그러는데 떼를 쓰지도 않고 그렇다 하면 그 이전부터 엄마와의 애착 형성이 결여되어 있었다.

**내담자:** 음, 맞아요. 가끔 뭔가 뭐지 내가 집안의 가장이다. 이런 느낌이 많이 들어요. 뭔가 그런 게 있어요. 사실 내가 먹여 살리려고 돈을 갖다주는 건 아닌데 부모가 아닌 것 같아요. 그런 느낌이 많이 드는 거 같아요.

**상담자:** 어린 시절에 유치원 때부터 중학교 1학년 때까지 떨어져 있다 보니까 부모하고……. 그럼 부모님은 1년에 몇 번씩 보고 그랬겠네요.

**내담자:** 어, 낮에는 시간이 맞으면 엄마, 아빠 얼굴 보고, 밤에는 엄마, 아빠가 일을 하니까 못 보고, 그래서 아예 못 보고 그러지는 않았던 것 같아요.

**상담자:** 그러면 할머니 집이 먼 데 있는 게 아닌가요? ("예.") 아, 먼 데 있는 줄 알고.

**내담자:** 저희 집에서 지금도 이사도 안가고 할머니 집이랑, 저희 집이랑 걸어서 5분도 안 돼요. 그래서 낮에는 마음만 먹으면 엄마, 아빠 몰래 집에 왔다 갔다 하고 그랬어요.

**상담자:** 그래도 다른 집들에 비해서 엄마와 애착 형성이 부족해 보이네요. ("예.") 그러면 아빠는 어때요?

**내담자:** 아빠요. 성격이요?

**상담자:** 아빠하고는 잘 지냈나요?

**내담자:** 잘 지낸 것 같은데 좀 뭔가 아빠도 아빠 같지 않고, 아빠가

제일 그래요. 아빠는 솔직히 너무 이상해요.

**상담자**: 이상하다 하면 어떻게?

**내담자**: 그냥 저는 제 이런 성격과 좀 경계가 없는 그런 성격 또 그런 게 다 아빠 때문에 만들어진 그런 거라고 생각하거든요. 아빠도 그런 성격이고 어렸을 때부터 아빠 대문에 너무 성(性)적인 그런 거에 많이 노출되었다는 이런 생각도 많이 들고, 아무렇지도 않게 엄마 가슴 만지는 거랑 아니면 뭐 집에 자위 기구, 숨겨 둔 거긴 한데 어떻게 제가 보게 됐거든요. 그런 것도 있고 또 뭔가 조언을 할 때 부모 같은 느낌보다는 무조건 자기 말이 옳다, 이런 느낌으로 말하는 것도 있고, 되게 말이 안 통하는 그런 친구 같아요. 그런데 그러면서도 우리 가족을 사랑하고 잘해 주려고 하는 건 알겠는데 뭔가 이상해요. 너무 특이해요.

**상담자**: 그러면 아빠하고 가족들이 함께 놀러 가거나 그런 기억들이 많이 나나요?

**내담자**: 초등학교 때까지는 엄마랑, 아빠랑 저랑 많이 놀러 갔는데 요즈음은 안 간 지 이제 꽤 됐어요.

**상담자**: 지금은 컸으니까 당연히 그렇지, 그런데 어린 시절.

**내담자**: 어렸을 때는 그렇죠. 이것도 좀 이상하다고 하기도 그런데. 어렸을 때 기억나는 게, 같이 여행 갔다가 이제 숙소를 잡았어요. 그럼 저는 거실에서 혼자 잤거든요. 어렸을 때에도 그랬어요. 집에 방이 2개였고, 하나는 옷방이고, 하나는 엄마, 아빠 방이고, 저는 맨날 거실에서 자고, 음악 틀어주고

그러면 엄마, 아빠는 분명 뭐 성관계했겠죠. 나와서 살기 전에도 계속 방에 들어오지 말라고 하면서 그런 일도 있었고, 그런 게 너무 싫더라고요. 기분이……

**상담자**: 그러면 방에 들어오지 말라고 하면 처음에는 뭐 하나 하고 관심이 있고 더 궁금해하고.

**내담자**: 그런데 뭐, 뻔하잖아요. 둘이 뭐 할지.

**상담자**: 그러면 성관계를 한다고 생각하면 소리 같은 것도 날 것 아네요.

**내담자**: 소리가 나죠. 문에 귀를 대고 있었으니까, 소리가 들렸죠. 방에 텔레비전이나 음악을 틀고 성관계를 하는데 그래도 들려요. 기분이 이상하죠.

**상담자**: 그러면 들어오지 마, 하면 계속 거실에 있는 건가요?

**내담자**: 예, 거실에 있었죠.

**상담자**: 유치원 때부터 중학교 1학년 가출할 때까지 할머니 집에서 살았는데 그러면 부모님 집에는 자주 안 가게 되네요.

**내담자**: 그렇죠.

**상담자**: 잠잘 때는 큰아버지와 자게 되고 ("예.") 큰아버지가 결혼을 안 했다고 그랬죠.

**내담자**: 예, 큰아빠는 다른 여자와 성관계는 안 한 것으로 알고 있어요.

**상담자**: 그러면 순희 씨와 잘 때 가슴과 성기를 만지고, 사정도 하고 그러면서 순희 씨는 반대급부로 용돈이나 담배 같은 걸 얻게 되고 ("예.") 보통 사람은 여자나 남자나 서로 안게 되면

성적 욕구가 올라오게 되는데.

내담자: 그렇죠.

상담자: 순희 씨도 중학생이면 사춘기가 시작되었을 텐데 큰아버지
와의 관계 속에 괜찮았나요?

내담자: 유치원 시절부터 함께 잠을 자서 그런지 거부반응은 없었어
요. 그리고 담배하고 용돈이 해결되었으니까요. 큰아빠는
욕구를 풀고 나면 담배를 피웠는데 나도 자연스럽게 따라
하게 되었어요.

(하략)

내담자는 학교생활에서 일탈을 하게 되었으며, 그로 인해 자퇴를 하
고 대안 학교에 들어가게 되었다. 검정고시를 통해 중학교와 고등학교
과정을 마쳤으며, 18살에 전문대에 입학하게 되었다. 또래에 비해 삶
의 과정이 빠르게 전개되었으며, 자신의 의지와 관계없이 흘러가는 상
황에 적응하며 지내게 되었다.

부모와의 관계에서는 부모라는 느낌보다는 친구로 생각하게 되었으
며, 경계가 없는 상태가 되어 버렸다. 내담자는 자신의 성격과 자유분
방하고 무절제한 성에 대한 사고는 아빠의 영향을 받은 것이라고 자신
의 행동을 합리화하고 있다.

내담자는 지나온 삶의 과정에서 경험한 일들이 수시로 올라오며 그
영향에서 벗어나지 못하고 있는 것 같다. 부모의 무질서한 성에 대한
행동과 큰아빠와의 관계는 자신의 치부가 되었으며, 남들에게 드러내

고 싶지 않지만 마음속으로는 즐기는 양가감정을 갖고 있다. 양가감정(ambivalence)이란 어떤 대상에 대해 대립되는 두 감정이 동시에 혼재하는 정신상태이며, 좋은 감정과 어두운 감정을 모두 갖고 있는 상태를 의미한다.

상담자는 직면을 통해 내담자의 피해의식과 열등감, 낮은 자아존중감을 형성하게 된 요인을 파악하게 되었다. 긍정적 변화를 위해 산책을 통한 걷기명상, 햇빛 쬐기, 물 마시기, 스스로 칭찬하기, 선물 주기의 과제를 내주었다.

◇ **7회기** ◇

자긍심은 스스로에게 긍지를 느끼는 마음으로서 자신이 가치 있다고 느끼는 개인의 전반적인 자기평가다. 자긍심이 높은 사람들은 자신에 대한 신뢰와 자부심이 강하고 정서적으로 안정되어 있으며, 이는 건강한 대인관계와 사회생활에 미치는 영향이 크다. 회복탄력성이 강해 어려운 상황에서도 좌절하지 않고 목표를 이루고자 하는 성향이 강하다. 그러나 자긍심이 낮은 사람들은 불안하고 자신을 믿지 않으며, 타인이 자신을 보는 관점을 중요하게 생각하며, 열등감을 느끼기 쉽다. 관계 속에서 남들에게 많은 기대와 의존을 하지만 자신이 원하는 것을 얻을 수 없을까 힘들어한다. 또한 얻지 못함에 대한 실망을 예상하고, 관계하는 사람들을 불신할 준비를 하게 된다. 이러한 낮은 자긍심의 형성은 자신의 성이 이성과의 관계에서 좋다는 것을 느끼게 하

심리상담 사례 분석의 실제

지 못한 아동기와 청소년기 경험의 요인이 크며, 이는 자율성과 개체성에 영향을 미치게 된다.

상담자는 내담자의 고착된 심적 에너지를 해소시키고, 불안처리 능력과 충동 억제 능력을 함양해야 한다. 또한 내적 역동에 대한 통찰을 통해 자아 기능을 강화한다. 이와 함께 현실적이고 수용적인 태도를 갖고 보다 성숙한 삶을 살아갈 수 있도록 조력한다. 이를 통해 내담자가 상담 이전에 갖고 있던 걸림이 해소되어 상담 후 긍정적 변화와 치유가 됨으로써 상담의 효과를 증명하게 된다.


## ▌내담자의 상담에 대한 의문과 효과▐

(전략)

내담자: 그런데 저는 솔직히 궁금한 게, 상담을 받으건 진짜 변화가 일어날 수 있어요? 일어났다고 해도 그 변화는 일시적인 것뿐이라고 생각하거든요. 그리고 또 다시 돌아가고. 제가 좀 유독 그러긴 해요. 상담을 받을 때에는 잠깐만 엄청 집중하고, '나 이렇게 살아야지……. 상담사분이 이렇게 말씀하셨으니까 이렇게 한번 해 봐야지.' 해 놓고, 또 뒤돌아서면 또 혼자 우울하고 아무것도 기억 안 나고 그러거든요. 그런데 과연 이런 연속적인 장기적인 변화가 진짜 상담으로 일어날 수가 있을까 궁금하고 잘 안 믿겨요. 그리고 또 의지가 없

어요. 의지가 없으면 상담사가 어떻게 해도 할 수 없다고 생각하거든요. 저는, 저는 그래요.

**상담자**: 아, 그래요……. 변화하지 않는다면 상담사들이 필요가 없을 것이고, 상담을 받으러 오는 사람도 없을 거예요. 대학원 석사, 박사 과정에 상담심리학 또는 상담학이 개설되지도 않을 것이고요.

**내담자**: 그러면 상담사님은 상담의 효과가 정말로 있다고 생각하세요?

**상담자**: 음, 상담의 효과는 내담자의 휘어진 부분을 상담사가 따라가며 똑바로 펴 주어서 그가 사는 사회에서 문제행동을 일으키지 않고 공동체 일원으로 살아갈 수 있도록 조력해 주는 것입니다. ("예.") 20여 년 전에 어느 내담자가 첫 회기 상담 마무리할 때쯤 순희 씨와 비슷한 질문을 한 적이 있어요. "상담을 받으면 변화가 되나요? 상담의 효과가 뭐예요?" 내담자는 상담에 대해 믿음과 신뢰가 생기지 않고, 질문에 대한 욕구 충족이 되면 계속 상담을 받을 것이고, 그렇지 않으면 상담을 중단할 것 같은 느낌을 받았는데 그때 문득 콩나물이 생각나는 거예요.

**내담자**: 콩나물요?

**상담자**: "콩나물시루에 물을 주다 보면 다 흘러 내려가는 것 같지만 일정 시간이 흐르면 콩나물이 자라 있는 것을 알 수가 있어요. 이와 같이 마음의 병인 심인성질환이 자리 잡고 표출하기까지 일정한 기간이 필요하듯이, 증상이 회복하기 위해서

는 시간이 필요합니다. 다시 말하면 물을 주고 콩나물이 자라는 시간이 필요하듯이 심인성질환이 치유되기 위해서는 일정한 기간이 필요해요."라고 하니까 내담자는 눈을 크게 뜨고 고개를 끄덕이며, 그 뒤 일정 기간 상담을 받으러 왔어요. 따라서 순희 씨도 상담의 효과를 콩나물에 비유해 주니까 이해가 쉽고 잊어버리지 않을 거예요.

**내담자:** 없는 것 같아도 알고 보면 이렇게 뭔가 있긴 있다.

**상담자:** 따라서 긍정적 변화와 치유를 위해서는 일정 시간이 흘러가야 해요. 예를 들면, 의사가 환자를 치료할 때 감기 치료와 암 치료에 걸리는 시간이 다르듯이 심인성질환의 증상에 따라 치유하는 시간도 달라요. 그래서 예전에 상담은 장기적으로 받게 했어요. 그런데 20년 전부터 건강가정지원센터(가족센터)나 청소년복지상담센터, EAP 기업상담 등 이런 기관에서 10회기 이내의 상담을 하게 돼요. 그러다 보니 필요에 의해서 장기상담을 하던 상담자들이 단기상담을 할 수밖에 없는 환경이 된 거예요.

(하략)


상담을 하다 보면 내담자로부터 상담의 효과에 대해 질문을 받을 때가 있다. 내담자는 상담은 말로만 하는 것 같기에 받을 때에는 증상이 좋아지는 것 같은데, 시간이 지나면 다시 마음이 힘들어 지는 것 같아 상담의 효과에 대해 의문을 갖게 될 때가 있다고 했다.

내담자의 긍정적 변화와 치유를 이끌어 내는 것은 쉽지 않으나, 그렇다고 어려운 것 또한 아니다. 내담자의 긍정적 변화와 치유를 이끌어 내기 위해서는 이론적 배경이 중요하다. 이론적 배경이 없는 임상경험은 사상누각(砂上樓閣)에 불과하기 때문이다. 이와 함께 상담자는 상담에 임하기 전에 자질을 갖추고 역량 강화를 위해 지속적으로 노력해야 한다.

상담 후 내담자는 상담에 기대했던 욕구가 충족되지 않으면 상담에 대한 회의(懷疑)가 일어나게 된다. 상담을 받기 위해 귀한 시간과 상담료를 내고 상담을 받게 되는데, 자신이 가지고 있는 심리적 어려움의 해소에 도움이 되지 않았다고 느끼기 때문이다. 즉, 상담다운 상담을 받지 못해 긍정적 변화나 치유가 나타나지 않은 것이다. 심리상담은 단순히 말로만 하고 끝나는 것이 아니라 심인성질환으로 인해 어려움을 겪고 있는 내담자가 상담 후 긍정적 변화 또는 치유가 되어 삶의 질이 향상될 수 있도록 조력하는 것이다.


◇ **8회기** ◇


내담자는 심리적 혼란 또는 치부에 대해 말할 때는 어려워하고 힘들어하는 경향이 있을 수 있으며, 방어기제가 활성화되어 거짓으로 이야기하거나 사실을 왜곡 또는 분명치 않은 대답을 할 수도 있다. 이러한 상황에서 상담자는 안전한 분위기를 조성하고, 지지, 격려, 공감, 경청 등을 통해 직면과 둔감화 과정을 통해 말속의 말을 찾고 적절한 질문을 해야 한다. 특히 성장 과정이나 가정환경에 대한 일반적인 질문을 했을 때 내담자는 망상적인 사고를 동원해서 즉흥적으로 질문과 관련된 정서를 표현할 수 있다. 상담자는 같은 내용의 질문을 다시 하거나 아니면 다른 말로 질문해 보다 자세하고 현실적인 이야기를 할 수 있도록 해야 한다.

상담자는 내담자가 자신의 모순을 되돌아볼 수 있도록 해야 한다. 이를 통해 자기 행동에 대한 인식을 높일 수 있도록 해야 하는 것이다.

-------------------------- ▌**반복적 직면과 둔감화** ▌ --------------------------

(전략)

**상담자**: 지난 시간 상담 이후 탐색도 하고, 직면도 시키고 그랬어요. 순희 씨가 성격 문제, 열등감을 줄이고, 자존감을 향상시키고 싶다고 했는데 ("에.") 대인관계에서 그런 부분들이 영향을 많이 미쳤나요?

**내담자**: 그렇죠. 일단 자존감이 낮으니까 낯도 많이 가리고 사람들이랑 눈도 잘 안 마주치고. 또 그러다 보니까 대화도 자연스럽게 잘 못하고 어른들이랑은 잘 지내는데 또래 애들이랑은 잘 못 지내요.

**상담자**: 그러면 지금 친구들은 많아요?

**내담자**: 아니요. 인간관계가 되게 좁아요. 유치원 따부터 친구였던

친구 1명이랑 또 대안 학교 때 같이 다닌 친구 1명이랑 그렇게 있어요. 요즘 이렇게 둘이……

**상담자**: 음, 순희 씨의 경우에는 대안 학교를 들어가고 나서 또래에 비해 모든 것이 빨라졌어요.

**내담자**: 맞아요.

**상담자**: 그러다 보니까 자연스럽게 또래와의 관계를 하는 시간이 적어졌어요.

**내담자**: 그렇죠.

**상담자**: 그러다 보니 그 부분도 많이 영향을 미치고 있을 거예요. 그 이면에는 순희 씨의 열등감과 낮은 자아존중감 그리고 피해의식도 함께 존재하고 있다는 거예요.

**내담자**: 피해의식이 되게 심한 거 같아요.

**상담자**: 열등감과 자아존중감이 낮으니까 피해의식이 있게 되고 또래 관계에 영향을 미칠 수밖에 없어요. 그러면 피해의식하고 자아존중감을 낮게 만든 원인은 어디에 있을까. 그것을 생각해 보면 어린 시절 성장 과정의 어두운 그림자, 애착 형성 결여 등이 영향을 미쳤다고 봐요. 과거 탐색을 할 때 평상시 기억하고 있지 않은 일들이 불쑥불쑥 올라오고 그럴 거예요. 시기별로 들어가다 보면 수많은 경험들 중에 떠오르는 기억들은 미해결 과제로 남아 있거나 걸림으로 영향을 미치고 있다고 보면 돼요. 순희 씨는 관계 안에서 방어기제가 활성화되고 있어요. 방어기제라는 것은 상대와 이야기할 때 내가 취하는 모든 행동들이 방어기제라고 보면 돼요.

부정적 방어기제가 있고 긍정적 방어기제가 있어요. 상대와 이야기할 때 좋은 이야기를 들을 때도 있고 안 좋은 이야기도 듣게 돼요. 순희 씨가 편의점에서 알바 일을 하고 있는데 좋은 손님들도 있지만 진상손님들도 있을 거 아니에요?

**내담자:** 그렇죠.

**상담자:** 안 좋은 이야기를 들으면 기분이 나쁘죠?

**내담자:** 그렇죠.

**상담자:** 그리고 에너지 소비도 하고. ("예.") 순희 씨는 어린 시절 남들은 경험하지 않은 일들을 겪었어요. 이미 일어난 일들은 되돌릴 수가 없어요. 과거에 어두운 기억이 있다고 해서 그 일에 연연해하면 앞날의 삶도 어두워 질 거예요. 또 마음속에는 남들에게 알리고 싶지 않은 나만의 치부들이 있을 거예요. 이런 것들을 혼자 속으로 억압하고 있으면 언제인가는 떠오르게 될 거예요. 따라서 미해결 과제, 걸림 들이 있으면 그러한 일들을 마음속에 담아 두지 말고 이야기를 하면 속이 좀 편해질 거예요. 순희 씨의 경우 유치원 다닐 때부터 할머니 집에서 큰아버지와 방을 함께 쓰면서 성추행을 당했고, 중학교 1학년 가출할 때까지 지속적인 경험을 하게 돼요.

**내담자:** 성추행을 당했던 일들이 가끔 꿈에도 나오고 그래요. 오랜 기간 생활 속에서 그게 나쁜 일인지도 몰랐어요. 큰아빠와 잠을 자고 있거나 옷을 벗고 있는 상태에서 내가 안마를 하고, 큰아빠가 나를 스킨십을 하고 있는 그런 꿈을 꿔요. 또

가끔 떠오르기도 해요. 그런데 그게 나쁘지만은 않았어요.

상담자: 중학교 1학년 때 가출을 했을 때에는 어떠했나요?

내담자: 가출을 한 열 번 정도 한 것 같아요. 친구들이랑 놀다가 친구들이 집에 들어가면 저만 안 들어가게 되고, 친구 집 근처에 있다가 그다음 날 친구가 나오면 또 놀고 그런 적도 있고, 또 오빠들이랑 친구들하고 다 같이 가출해서 진짜 아무 데서나 자고 그랬던 적도 있고……

상담자: 가출해서 오빠들이랑 친구들이랑 혼숙도 하고 그랬다는데 그 기간은 얼마나 됐어요?

내담자: 언제 그런 거냐고요? 그건 중학교 1학년 때인가부터 2학년 때쯤이었던 것 같은데……. 한 1년 정도 그렇게 방황을 했던 것 같아요.

상담자: 아, 1년 정도.

내담자: 예, 가출을 하고 또 집에 들어갔다가 또 가출하고, 또 가출해서 청소년 쉼터도 몇 달 정도 있다가 그랬었던 것 같아요.

상담자: 그러면 그때 생활비 같은 거는 어떻게?

내담자: 생활비는 어떤 오빠 집에 부모님 저금통이 있으면 그거 가져와서 그걸로 살고 그랬어요.

상담자: 가출하고 나서 오빠들과 친구들하고 혼숙을 하고 그렇게 지낸 거예요?

내담자: 예, 놀다 보면 돈이 떨어지고, 그러다 보면 용돈을 벌기 위해 조건 만남도 하고. 오빠들이 연결해 줘요. 그러면 돈이 생기게 되고, 잠자리도 해결되고 그렇게 보낸 것 같아요. 그

심리상담 사례 분석의 실제

때는 오빠들하고 같이 잠도 자면서 좋았던 거 같아요.

**상담자**: 그러면 가출을 하면서 그 생활을 즐겼다는 것인데, 가출을 하게 된 동기가 있을 텐데요.

**내담자**: 재미있어서…… 놀고 싶어서……. 한창 그 나이 때 친구들이랑 재미있게 놀 나이인데, 그런데 저녁 6시, 7시 이렇게 통금도 되게 빨랐단 말이에요. 제 친구는 12시에 들어가도 집에서 뭐라 안 했거든요. 저는 그러지 못하는 게 너무 싫은 거예요. 그 나이 때는 애들이랑 노는 거에 빠지면 계속 놀고 싶은데. 그래서 다 같이 가출을 했죠.

**상담자**: 다 같이.

**내담자**: 그만큼 저를 챙겨 주는 어른들이 없었다는 거죠. 엄마랑 아빠랑 그때 별거 중이었고 할머니도 그때는 되게 건강하셨고, 지금도 건강하시긴 한데 더 젊으셨으니까 입에 욕을 달고 사셨거든요. 맨날 할머니 집에 있는 게 되게 싫었거든요. 큰아빠와 매일 같이 자는 것도 싫고, 저는 구속받고 담배도 못 피우게 하니까 그냥 진짜 내 마음대로 하고 싶어서 나온 것 같아요.

**상담자**: 집과 가정이란 마음의 평안과 안정, 행복을 추구하는 안전한 공간이고, 내가 편히 쉴 수 있고, 내가 하고자 하는 것을 이루기 위한 곳이잖아요. 그런데 이러한 집을 놔두고 가출을 하게 될 때에는 거기에는 가출을 할 수밖에 없는 이유가 존재한다는 거예요. 거기에는 할머니의 욕설과 또 담배 피우는 것에 대한 제재, 큰아빠와 방을 같이 써야 하는 상황,

프라이버시(privacy) 침해, 구속 등 가출할 수밖에 없는 이유
가 있었을 거예요.

(하략)

내담자는 자아존중감이 낮고, 대인관계 속에 어려움을 겪고 있으며
열등감과 피해의식이 심했다. 또한 어린 시절 성에 대한 노출, 큰아빠
와의 관계, 가출 등 이러한 일들이 꿈속에도 나타나며, 양가감정으로
인해 심리적·정서적으로 어려움을 겪고 있다. 사람이란 태어나서 지금
까지 경험한 일들이 그냥 사라지는 게 아니라 무의식에 자리 잡고 있
다가 유발인자인 연상상황, 연상기억에 의해 의식으로 올라오게 된다.
즐거운 경험들이 올라오면 삶의 질이 높아지나 부정적 경험들이 올라
오면 삶의 질이 낮아지게 된다. 내담자의 지난 삶의 경험은 자신의 의
지와 관계없이 흘러갔으며, 생활환경에 적응하며 살아남기 위해 노력
을 했다. 이로 인해 무의식에 쌓여 가는 어두운 그림자로 인해 힘들어
하고 있다.

필자는 내담자의 건강한 정신과 삶의 질 향상을 위해 과제를 내주고
확인했다. 내담자는 과제를 하면서 점차 자신을 사랑하는 마음이 커지
고, 알 수 없는 자신감이 생기기 시작했다고 했다. 처음 과제를 하게 될
때 과제에 대한 믿음과 신뢰가 약했으나 '무언가 이유가 있으니까 하라
고 했겠지.' 하는 마음이 앞서 지속적으로 하게 되었다고 했다.

# ◇ 9회기 ◇

상담자는 탐색을 통해 내담자의 삶에 부정적 영향을 미치고 있는 미해결 과제, 걸림, 어두운 그림자를 찾아내고 직면과 둔감화 과정을 거쳐 해소하도록 한다. 고착된 심적 에너지를 해방하고 현실적이고 수용적인 태도를 함양해 자각과 통찰이 일어날 수 있도록 유도하고 변화를 통한 성숙한 삶을 살아가도록 한다. 또한 내담자가 현재보다 더 나은 삶을 위해 바라거나 희망하는 것을 추구할 수 있도록 욕구를 강화하고 형성시켜 주어야 한다. 이를 위해 상담자는 내담자가 원하는 동기를 찾아내고 욕구를 일으켜 행동의 변화가 나타나도록 조력해야 한다.

이와 함께 종결 전 회기에서는 다음이 마지막 상담이라고 고지해야 한다. 상담 기간 중 내담자는 상담자를 의존하게 되며, 전이가 일어나기도 한다. 종결이 가까울수록 상담자와의 이별에 대한 아쉬움을 경험하게 된다. 애도 기간이 없이 마지막 회기에 종결을 이야기할 때 내담자는 상황에 따라 달리 받아들이게 된다. 예를 들면 어린 시절 유기경험이나 분리경험, 격리경험이 있는 내담자에게 애도 기간이 없이 종결 회기를 맞게 한다면 '이 상담자도 나를 버리는구나.' 하는 생각이 올라오게 된다. 따라서 이러한 상황을 예방하고 정서적으로 분리할 수 있도록 애도 기간을 가져야 한다.

(전략)

**상담자**: 성격 문제 중에 열등감을 극복하고 자존감 향상하기에 초점을 맞추어 지금까지 상담이 이어 오고 있는데 어떠한지요?

**내담자**: 그냥 저를 한 번 더 돌아볼 수 있는 그런 시간이 됐고 저도 몰랐던 잊고 있었던 일들, 묻어 두었던 것들도 많이 떠오르고 생각이 나고. 그래서 나를 좀 되돌아볼 수 있는 시간이 됐던 것 같아요. 상담을 하면서 마음속에 묻고 있었던 일들, 특히 가출하면서 겪었던 일이나 큰아빠와의 일들은 남들에게 이야기하기 힘든 부분들인데 상담하면서 이야기를 하다 보니 마음이 편해지는 것 같아요. 살아오면서 지금까지 이야기하지 못하고 남들이 알까 봐 감추며 불안했었는데 상담을 받으며 많이 편해졌어요.

**상담자**: 순희 씨가 어린 시절 성장 과정에서 할머니 집에 맡겨지고 자라면서 겪었던 일들은 무의식 속에 자리 잡고 있으면서 수시로 의식 위로 올라오게 될 거예요. 때로는 어두운 생각으로 인해 마음이 많이 불편하기도 하고 우울해지기도 할 거예요.

**내담자**: 예, 그래서 남들과 쉽게 사귀지도 못하고, 깊게 사귀지도 못하는 것 같아요. 나에 대해 알게 되면 싫어할까 봐 일부러

피하게 돼요. 나에 대해 물어보면 거짓으로 이야기하고, 그런 것들이 습관이 되다 보니 내 자신이 싫어지기도 해요. 남들과 비교하게 되고 나는 남들보다 못하구나, 나는 키도 작고······. 열등감이······. 사람들이 내 이야기 하는 것 같고, 그런 피해의식이 있는 것 같아요. 그런데 상담받으면서 회기가 지나면서 나 자신을 사랑하게 되고, 알 수 없는 자신감도 생기고 변화하고 있는 것을 체감하고 있어요.

상담자: 순희 씨가 변화하고자 노력을 했기에 이루어진 거예요. 앞으로도 바라고자 하는 대로 이루어질 거예요. 긍정적 그림을 그리기 시작하면 긍정적인 그림이 그려지고, 부정적 그림을 그리기 시작하면 부정적 그림이 완성돼요. 어떠한 생각을 하는가에 따라 결과도 달라져요.

내담자: 맞아요. 상담을 받으면서 좋은 이야기를 들으면서 과제를 하면서 마음도 편해지고 어두웠던 생각도 많이 없어진 것 같아요.

(중략)

내담자: 사실 지금 생활이 불안정해요. 나이가 25살이고 알바를 하고 있잖아요. 안정된 직장을 구하고 싶은데 어려워요. 잘 안돼요. 이력서를 내도 연락도 없고, 앞으로 어떻게 살아야 하나 생각하면 막막해요.

상담자: 그러면 어떻게 살고 싶은데요?

**내담자**: 잘 모르겠어요.

**상담자**: 잘 살아야지요.

**내담자**: 어떻게 해야 잘 살지 모르겠어요.

**상담자**: 그러면 지금보다 더 나은 삶을 위해 어떤 부분을 보완하면 좋을까요?

**내담자**: 아무래도 자격증이 있으면 좋을 것 같아요. 취업에도 도움이 되고, 하고 싶은 일도 하고.

**상담자**: 그러면 순희 씨가 바라는 자격증은 어떤 자격증인가요?

**내담자**: 예, 성공(가명)자격증인데요. 취업이 잘되고, 창업도 할 수 있는 자격증인데요. 그런데 따기 어려워요.

**상담자**: 그래도 그 자격증을 따게 되면 취업하는 데 도움이 되고, 지금보다는 더 나은 생활을 할 수 있는 거잖아요.

**내담자**: 그런데 딸 수 있을 거라는 보장도 없고…….

**상담자**: 그러면 자격증을 따려면 어떻게 해야 하나요?

**내담자**: 공부도 하고 학원도 다녀야 해요. 하기는 해야 되는데…….

**상담자**: 학원은 알아봤어요?

**내담자**: 알아는 보았는데요. 학원비도 그렇고 누가 도와주는 사람이 없어요. 그러다 보니 자꾸 미루게 돼요. 그리고 합격할 수 있다는 자신감도 떨어지고요. 나 같은 게 해도 될까 하고요.

**상담자**: 순희 씨가 생각한 대로 이루어져요. 지금까지 계속 생각만 하고 실행을 하지 않았어요. 이제는 실행할 때에요. 무언가 새로운 일을 하고자 할 때에는 환골탈태의 마음으로 임해야 해요. 절박한 마음으로 이거 아니면 안 된다는 생각을

심리상담 사례 분석의 실제

하고 행동으로 움직여야 해요.

**내담자**: 에, 알겠습니다.

(하략)

내담자는 상담을 받으면서 자신을 사랑하고, 알 수 없는 자신감도 생기고 어두운 생각이 많이 사라지고, 마음이 편해졌다고 했다. 이와 함께 현실을 직시하게 되었으며, 대안을 찾고자 했다. 안정적 생활과 취업을 위해 자격증을 취득하고 싶으나 합격할 자신도 없고 어떻게 접근하는 것이 바람직한지 모르겠다고 했다. 필자는 내담자의 긍정적 변화를 위해 자격증 취득에 대한 욕구를 강화시키고 형성하도록 조력했다.

상담자는 내담자의 긍정적 변화를 위해 상담 내용을 초기, 중기, 종결기로 구조화시키고 각 단계에 맞는 기법을 사용해야 한다. 그러나 기법은 내담자의 상황에 따라 유연성 있게 활용해야 한다. 그리고 단기상담에서는 종결 이전 회기에 애도 기간을 가져야 한다. 내담자는 상담 과정에서 상담자에게 의존하며 일상생활을 하지만, 종결 이후에는 상담 과정에서 의존했던 마음에서 벗어나 독자적으로 삶을 이끌어가야 한다.

◇ **10회기** ◇

상담의 종결은 상담의 회기가 끝나는 부분으로서 내담자가 상담자의 조력에서 벗어나 독자적으로 삶을 살아가는 것을 의미한다. 상담 과정에서 좋았던 점과 걸림에 대해 해소하고자 노력한 것들, 어려웠던 상황, 변화를 체감한 부분 그리고 앞으로 다가오는 일에 대해 스스로 대처해 나가야 하는 것들에 대해 나눈다. 상담 과정에서 변화된 내용이나 아쉬운 부분에 대해 나누고 지지, 격려, 공감 등을 통해 심리적·정서적으로 분리해야 한다.

## ▌변화된 내용, 지지, 격려 ▌

(전략)

**상담자**: 지난 시간에 학원에 등록한다고 했는데 등록은 하셨나요?

**내담자**: 예, 지난 상담 이후 학원을 몇 군데 알아보고 그중 한 곳이 여러 가지 조건이 저하고 잘 맞아서 등록하고 수업을 들었어요. 학원 수업이 오전에 끝나고 오후에는 알바하고 있고요.

**상담자**: 잘하고 있어요. 순희 씨 멋져요.

**내담자**: 학원도 다닐 수 있도록 용기도 주시고, 자신감도 생기고 이제는 할 수 있을 것 같아요. 상담받기 이전에는 항상 우울하고, 미래도 없고, 그날이 그날 같고 그랬는데 이제는 무언가 희망도 보이고, 하면 될 것 같은 그런 마음도 생기고, 자신감도 생겼어요.

**상담자**: 생각한 대로 이루어질 거예요. 마음이 가는 대로 행동을 하면 후회가 덜해요.

내담자: 예, 맞아요.

상담자: 지난 시간에 과제를 내주었는데 점검해 볼거요. ("예.") 산책은 하고 있나요?

내담자: 예, 매일 같이하고 있어요.

상담자: 그러면 햇빛 20분 정도 쐬기는?

내담자: 그것도 하고 있어요.

상담자: 물 더 마시기는?

내담자: 하고 있어요.

상담자: 나 자신 칭찬하기는?

내담자: 하고 있어요.

상담자: 나 자신에게 선물하기는?

내담자: 예, 하고 있어요.

상담자: 그러면 나는 누구인가?

내담자: 음, 그냥 딱 떠올랐을 때 드는 생각은 그냥 나는 나다.

상담자: 나는 나다. 그러면 왜 사느냐고 묻는다면?

내담자: 어차피 살아야 하니까.

상담자: 어차피 살아야 하니까 산다. 그렇지, 살아야 하니까 살죠. 하지만 이왕이면 내가 이 세상에 태어났을 때 무언가 할 일이 있으니까 태어났을 것이고 그 일을 추구하기 위해 살아간다.

내담자: 말에는 힘이 있는 것 같아요. 진짜.

상담자: 말에는 사람을 살리는 말도 있고 죽이는 말도 있어요. 사람을 업(up)시키는 말이 있고, 다운(down)시키는 말이 있고. 분위기도 정서도 마찬가지예요. 예를 들어서 우울해지고 싶

다면 우울증이 있는 사람 옆에 10분만 있어 보세요. 그대로 우울한 기분이 옮겨 오는 것을 느낄 수 있을 거예요. 반대로 긍정적 에너지가 넘치는 사람 옆에 있어 보세요. 나도 모르게 기분이 좋아져요.

**내담자**: 맞아, 맞아.

**상담자**: 그리고 의식과 무의식에 대해서.

**내담자**: 이 얘기 들으니까 기억나요. 자고, 일어났을 때 생각하는 거아, 맞아요. 그거는 해요. 항상 습관적으로 자기 전에 내 고민이나 내가 해야 될 일을 생각해요.

**상담자**: 잠이 들면 무의식이 활성화되고 눈을 뜨면 의식이 활성화돼요. 따라서 지금 내가 해결해야 될 당면 과제, 예를 들면, 시험이면 시험, 알바면 알바, 여러 가지가 있잖아요. 그때그때 다를 거예요. 지금 당장 해결해야 할 일들……. 학원을 다니면서 여러 가지 걱정들이 올라오잖아요. 그러면 그 생각을 간절한 마음으로 학원을 잘 다녀야 하는데, 시험에 합격해야 하는데, 그 생각을 간절히 하세요. 그러다 보면 생각이 그쪽으로 모아져요. 그러면서 방법을 찾게 돼요. 24시간 그 생각을 하다 보면 시간문제이지 방법을 찾게 돼요.

(중략)

**내담자**: 살아오면서 내가 원하는 것들과는 다르게 흘러가고, 되는 대로 살다 보니 여기까지 오게 되었어요. 취업도 안 되고,

생활비를 벌기 위해 조건 만남을……. 알바나 하게 되고, 누군가 나를 위해 바르게 이끌어 주는 사람들이 없었어요. 그러다 보니 내가 아는 방법대로 살 수 밖에 없었어요. 그런데 상담사님 하고 상담을 하다 보니 무언가 변화하고 있다는 느낌을 받게 되었어요. 이렇게 살아서는 안 되겠다는 생각도 하게 되고요.

상담자: 어떤 점이 변화가 된 것 같아요?

내담자: 우선 생각이 달라졌어요. 전에는 외모에 대해 자신감도 없었고 남들 얘기에 민감하게 반응을 하고, 눈치를 많이 보았어요. 그런데 상담을 받으면서 나를 보게 되고, 열등감이 줄어드는 것 같고, 자아존중감이 높아지는 것 같아요.

상담자: 다행이네요. 상담의 효과도 효과이지만 순희 씨가 변화하고자 노력을 했기에 이 정도 변화가 일어난 것이라고 봐요. 잘하고 있어요.

내담자: 아, 그리고 과제를 처음 내주었을 때 이걸 해서 무슨 변화가 있을까 생각하며, 그래도 나 잘되라고 하는 과제니까 해 보자 했어요. 마지못해 했는데 무언가 모르겠는데 좋아지고 있다는 것을 느끼게 돼요. 나를 사랑하게 되고……. 전에는 나의 모든 부분이 싫었는데 상담을 받으면서 어두운 생각들이 많이 없어진 것 같아요.

상담자: 순희 씨가 변화하고자 했기에 변화가 된 거예요.

내담자: 좀 막혀 있던 부분이 풀어진 느낌이에요. 뚫린 느낌이에요. 상담받으면서 전에는 생각하지 않았던 일들을 바라보게 되

고 자신감이 생기는 것 같아요.

상담자: 길을 가다가 돌부리를 만났을 때 부정적인 사람은 '걸림돌'로 생각하고, 긍정적인 사람은 '디딤돌'로 생각해요. 그리고 잘 못 사는 사람들은 '때문에'라는 말을 많이 쓰고 과거 지향적이고, 잘 사는 사람들은 '덕분에'라는 말을 많이 쓰고 현재를 중시하고 미래지향적 삶을 살아가요. 항상 긍정적·낙관적·미래지향적 사고를 갖고 살아요.

(하략)

내담자는 밝은 표정으로 상담실에 들어왔으며, 지난 상담 이후의 변화된 일들에 대해 이야기를 했다. 그동안 마음속으로 생각했으나 실행하지 못했던 자격증 취득을 위해 학원에 다니게 되었으며, 말에는 힘이 있는 것 같다고 했다. 살아오면서 열등감, 피해의식, 낮은 자존감으로 인해 관계 속에 항상 어려움을 겪었는데, 상담을 받으면서, 과제를 수행하면서 나를 사랑하게 되고 열등감이 줄어들게 되었으며, 하고자 하는 욕구가 생기는 등 변화를 체감하게 되었다고 했다.

또한 삶의 과정을 되돌아보면 자신을 위해 바르게 이끌어 주는 사람들이 없다 보니 스스로 환경에 대처하며 자신이 아는 방법대로 살아오게 되었다. 그러나 상담을 받으면서 이렇게 살아서는 안 되겠다는 생각을 하게 되었으며, 막힌 부분이 뚫린 느낌이며, 상담받으면서 전에는 생각하지 않았던 일들을 바라보게 되고 자신감이 생기게 되었다고 했다.

심리상담 사례 분석의 실제

# 5. 상담에 대한 평가

### 1) 상담의 효과

내담자는 성장 과정에서 겪은 어두운 그림자로 인해 낮은 자존감, 열등감, 피해의식이 심했다. 상담이 진행되면서 현실을 직시하고 자각과 통찰을 통해 자신의 문제 해결을 위해 스스로 대안을 찾기 시작했다. 열등감, 우울증, 불안, 피해의식이 줄어들었으며, 자신을 사랑하고, 자격증 취득을 위해 학원에 등록하는 등 긍정적 변화를 체감했다. 지나온 삶을 되돌아보고 이렇게 살아서는 안 되겠다는 생각을 했으며, 인간관계를 정립하고 자신감을 회복하고 삶의 질이 향상되었다.

### 2) 내담자 입장의 상담효과

상담 전에는 열등감, 낮은 자존감, 피해의식 등 자신의 어두운 그림자로 인해 알 수 없는 불안과 긴장 속에 살아오게 되었다. 상담이 진행되면서 어두운 생각도 덜 하게 되었으며, 피해의식이 줄어들고 남들과 비교도 덜 하게 되었으며, 자신을 사랑하게 되고 자신감도 갖게 되었다. 또한 상담 시간에 구체적 과제를 이행하면서 이렇게 하니 되겠구나 하는 생각과 함께 하고자 하는 의지가 생기게 되었다. 자격증 취득을 위해 학원에 등록해 다니고 있으며, 그동안 답답하게 느껴 오던 막힌 부분이 뚫린 느낌이다. 현실을 직시하고 전경에서 벗어나 배경을 살펴보는 삶의 여유를 찾게 되었다.

### 3) 상담자의 자기 평가

필자가 창안한 관계형성 이론을 중심으로 다양한 기법을 활용해 내담자의 긍정적 변화를 위해 상담에 임했다. 내담자의 자아 기능을 강화시키고, 현실적이고 수용적인 태도를 갖도록 했다. 또한 낮은 자존감, 열등감, 우울증, 불안, 피해의식으로부터 오는 심리적 고통의 해소를 위해 조력했다.

상담 내용을 초기, 중기, 종결기로 구조화해 상담 목표에 초점을 맞추어 접근했으며, 각 단계마다 적합한 기법들을 활용했다. 상담 후 내담자는 자신을 사랑하게 되고, 미래를 위한 계획을 세우고 실천하고 있으며, 현실을 직시하고 유연하게 대처하는 등 긍정적 변화가 나타났다.

### 4) 함께 생각해 볼 과제

내담자는 6살 때 부모로부터 떨어져 할머니 집에서 살게 되었으며, 중학교 1학년 1학기까지 큰아버지와 함께 방을 쓰고 있었다. 내담자는 성에 쉽게 노출되었으며, 그러한 환경에서 오랜 기간 지내다 보니 옳고 그름보다 생활의 일부로 받아들이게 되었다. 어려운 일이 생기더라도 감정을 표출하지 못한 채 억압해야 했다.

내담자는 알 수 없는 불안과 열등감, 낮은 자존감, 피해의식으로 관계

속에 어려움을 겪고 있었다. 3년 전부터 신경정신과에서 치료받고 있으며, 우울증 약을 복용하고 있다. 또한 내담자는 현재 생활에 만족하지 못하고, 스스로 만든 고통의 틀 안에 자아를 가두고 힘들어하고 있었다. 이로 인해 무의식에 자리 잡고 있는 미해결 과제가 현재의 삶에 부정적 영향을 미치고 있으며, 삶의 질이 낮아지고 있다. 또한 내담자는 아르바이트로 생활을 하고 있으며, 일반 직장에 취업을 하려고 노력했으나 원하는 성과를 이루지 못하고 있다. 이로 인해 자신의 틀 안에 형성된 낮은 자존감, 열등감, 피해의식이 우울증으로 나타나고 있었다.

상담자는 내담자의 자아존중감 향상과 건강한 삶을 위해 상담 내용을 구조화해 접근했다. 상담 목표를 정하고 목표에 초점을 맞추어 진행했다. 상담 회기마다 과제를 내주었으며, 내담자는 건강한 몸과 마음을 위해 과제를 성실히 수행했다. 상담이 진행되는 과정에서 내담자 스스로 변화하고 있음에 좋아했다. 9회기 상담 후에 다음 상담이 마지막이라고 고지했으며 10회기에는 상담 전체 과정에서 좋았던 부분과 보완할 부분에 대해 나누고 지지와 격려를 하면서 상담을 종결했다.

필자는 상담 과정에서 편견에 치우치지 않으려고 노력했으며, 내담자 중심의 상담을 했고 긍정적 변화를 이끌어 냈다. 내담자는 상담을 받지 않았다면 심인성질환으로 인해 어려움을 겪게 될 것이고 이로 인해 주변에 부정적 영향을 미치게 되었을 것이다. 심리상담은 말로만 하지 않고 행동의 긍정적 변화와 치유를 이끌어 내고 문제행동의 예방적 기능을 한다. 따라서 심리상담이 보다 더 활성화되어 마음의 병으로 어려움을 겪고 있는 사람들의 치유와 삶의 질 향상을 통해 행복한 사회에 이바지하면 좋겠다.

# 님의 흔적

임향빈

해와 달이 구름에 잠겨 별빛이 노닐고
호숫가에 참 생명이 어울러 누리어진다
냇물은 강물이 되고 바다는 온 물을 품고
그 물은 구름이 되어 비로 흩날린다

갈등은 아픔이 되어 통곡의 바다를 이루고
슬픔이 아리어 단장의 마디마디에 저민다
이별의 걸림이 너울져 혼미함으로 다가오고
어제의 고통이 오늘의 아픔과 내일의 상흔이 된다

마음 안에 님의 형상은 그리움으로 맴돌고
보고픈 마음은 가슴에 옥죄어 소용돌이친다
아픔은 시간과 공간 속에 결 따라 흔들리고
님의 흔적은 영겁의 속삭임으로 나빌렌다

심리상담 사례 분석의 실제

# 지난 삶의 고통에서 벗어나고 싶어요

지난날의 경험은 생활 속에 엮여 현재의 삶에 영향을 미치고 시간과 공간이 겹치어 미래로 다가온다. 어제와 오늘과 내일의 시간은 분리되지 않고 무의식의 공간에 혼재되어 유발인자에 의해 표출된다.

# 1. 사례 소개

이 책에서 인용된 사례는 70세 여성으로 삶의 과정에서 경험한 미해결 과제가 현재의 삶에 부정적 영향을 미쳐 고통을 호소했다. 심인성 질환에서 벗어나고자 노력을 했으나 점차 어려움이 심해졌으며, 이를 해소하고자 '전국민 마음투자 지원사업'을 통해 신청하게 되었으며, 8회기 상담을 한 사례다.

사례 내용에서 가장 핵심이 되는 비밀보장을 위해서 가명을 사용했으며, 실제 거주 지역 대신 필자 임의로 거주지를 기재했으며, 개인적 신분이 노출되지 않도록 주의를 기했다. 그러나 제시된 문제와 변화에 결정적인 영향을 미친 요인과 부분에 대해서 정확성을 기하려 했다.

## 1) 제시된 문제(내담자의 주 호소 문제)

내담자는 "28살부터 장사를 했는데 남편은 경제적으로 무능했고 도박과 외도를 수시로 했다. 장사가 잘되어서 아파트를 장만했다. 그러나 도박으로 전 재산을 날린 남편은 아들이 고2 되던 해 음주 운전 사고로 죽었다. 그 후 나는 아들을 혼자 키우며 살아왔는데 지난 삶을 되돌아보니 화와 분노가 올라온다. 불안하고 서글프고 눈물이 나고, 자다가 벌떡 일어나고, 마음을 다스리기가 힘들다. 상담을 통해 마음이 편해지면 좋겠다."라고 했다.

심리상담 사례 분석의 실제

# 2. 내담자의 기초정보

## 1) 가족관계

### (1) 내담자: 박영희(가명)

4남 1녀 중 다섯째, 여자, 70세, 중졸, 사별, 내담자는 부모로부터 인정욕구와 애착 형성이 결여되었으며, 힘든 성장 과정을 보냈고, 결혼 후 자영업을 했다. 남편은 경제적으로 무능했고 27년 전 교통사고로 사망했으며, 그 후 아들을 홀로 키웠다.

### (2) 아들: 이건강(가명)

외동, 45세, 대졸, 미혼, 중국에서 7년 정도 거주했으며, 국내로 들어와서 자영업을 하고 있다. 업무적 스트레스를 먹는 것으로 해소하고 있으며, 175센티미터 키에 몸무게는 140킬로그램이며, 과체중이다.

## 2) 가계도

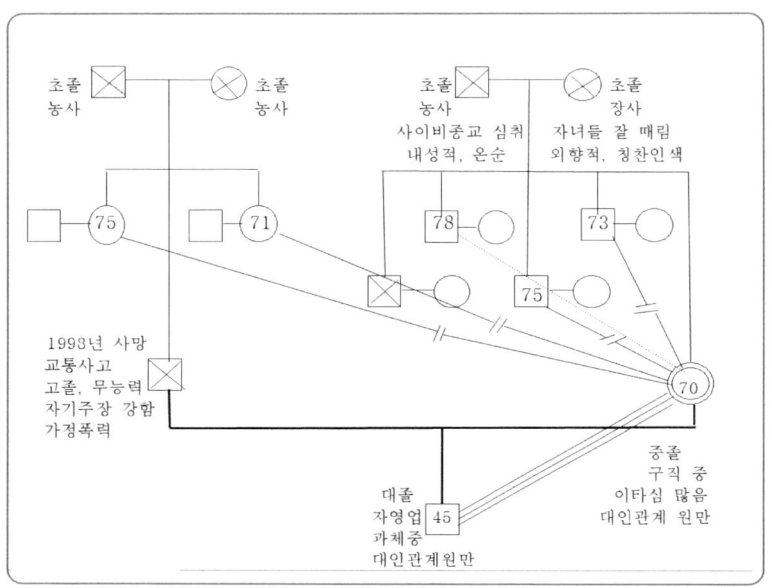

### 3) 성장 과정과 심인성질환의 표출 원인

내담자는 부모와의 관계에서 애착 형성 결여와 인정욕구 충족이 되지 않았으며, 사랑을 받지 못하고 성장했다. 아버지는 경제적 무능과 사이비 종교, 도박에 빠져서 거기에다 전 재산을 탕진하고, 자식들 공부에는 관심이 없었으며, 가정에는 소홀했다. 어머니는 자식들을 키워야 했고, 생활을 위해 5일장에서 장사를 했다. 속상할 때마다 술을 많이 마셨으며, 말을 안 듣거나 뜻대로 되지 않으면 자녀들을 수시로 때렸다.

내담자가 초등학교 4학년 때 어머니가 자살하려고 화장실 대들보에

목을 매었으며 그것을 목격하게 되었다. 어머니는 동네 사람들 도움으로 살아났는데 내담자는 그 모습을 보고 충격을 받았다. 그 후 그녀는 성인이 되어 결혼을 했지만 남편은 무능하고, 시어머니는 사이비 종교에 빠져 있었다. 친정어머니 팔자하고 똑같다고 했다. 속이 상해 술을 먹기 시작하게 되었고, 알코올의존증이 되었다. 내담자는 불안과 서글픔으로 눈물이 자주 나고, 자다가 벌떡 일어나는 등 마음을 다스리기가 힘들고 화와 분노가 수시로 올라온다.

# 3. 상담 목표와 접근 방법

## 1) 상담자의 상담 목표
- 불안, 긴장, 분노, 피해의식 등에서 벗어나고 자아존중감이 향상되도록 한다.
- 현실적이고 수용적 태도를 갖도록 하고, 긍정적 변화를 통한 성숙한 삶을 실현하고 욕구강화형성을 하도록 조력한다.

## 2) 내담자와 합의한 상담 목표
- 분노, 불안, 긴장 해소 및 삶의 질 향상

## 3) 상담 접근 방법
관계형성 이론을 중심으로 통합적 상담을 하며, 내담자의 긍정적 변화를 위해 대상관계 이론, 인지행동치료, 인간중심 이론 등을 활용한다. 상담 내용을 구조화해 초기, 중기, 종결기로 나누어 단계에 따른 기법을 활용하고자 한다.

상담 목표에 초점을 맞추고 회기별 주제를 갖고 접근하며, 말속의 말을 찾고 상황에 맞는 질문을 한다. 내담자의 무의식에 고착된 미해결 과제, 걸림 등을 다루고, 직면과 둔감화를 통해 자각과 통찰을 유도하며, 욕구강화형성을 한다. 자신의 틀 안에서 벗어나 새로운 틀을 형성해 사고의 전환을 이끌어 낸다. 자아 기능을 강화시키고, 자아존중감 향상과 보다 더 성숙한 삶을 실현하도록 조력한다.

# 4. 상담 과정

## 1) 상담 기간

2025년 6월 20일~2025년 8월 8일

## 2) 상담 회기별 요약

### ◇ 1회기 ◇

심리상담은 현재 나타나고 있는 문제 증상만 해소하도록 하는 것이 아니라 다시 재발하지 않도록 심인성질환의 근원을 치유하는 목적을 갖는다. 단기상담에서는 긍정적 변화, 장기상담에서는 치유를 이끌어 내어야 한다.

내담자의 병리 증상은 삶의 과정에서 경험한 트라우마, 미해결 과제, 걸림 등이 무의식에 자리 잡고 있다가 연상상황, 연상기억에 의해 의식 위로 올라와 삶의 질을 낮게 한다. 비유하자면 잔잔한 연못에 돌맹이를 던지면 물결이 퍼져 연못가 전체에 영향을 미치게 된다. 크고 작은 돌멩이들을 수시로 던진다면 연못 내 물결의 파장은 주변 지역에 영향을 미칠 수밖에 없다. 따라서 사람은 태어나서 지금까지 경험한 모든 일들은 무의식에 자리 잡고 있다가 유발인자에 의해 회전판 원리와 같이 재활성화된다.

(전략)

**내담자:** 남편은 오래전에 가셨고. 자식이 하나 있는데 홀로 가르쳤고, 아직은 결혼을 하지 않았고 그래서 같이 살고 있습니다. 아빠가 워낙 무능한 면은 있었고요. 그 대신 저는 열심히 살았어요. 그래서 28살부터 장사를 시작하면서, 집안 간에 어르신들의 도움으로 가게를 하게 되었고 돈을 좀 벌었어요. 아빠는 이제 시장도 좀 봐 줘 가면서, 물론 그때는 같이 일을 했죠. 그런데 돈을 잘 벌다 보니까 일을 잘 저질러요. 그냥 귀도 얇고 어디 가서 노름도 하는 편이고 바람기도 있었고. 그런데 이제 아파트 한 채는 샀고, 현금이 좀 있었어요. 아파트 세 채값을 다 날리고 가 버리더라고요. 그러니까 일부러 간 거죠. 자식 보기 미안하고 마누라 보기 미안하고. 또 자기 모친, 시어머니를 모시고 살았거든요. 그러니까 뭐 낚시터도 크게 운영했고, 횟집도 크게 운영하고 그러다 보면 거기에 뭐 또 매점도 있어야 하고, 이런 식으로 광범위하게 일을 저지르더라고요. 경영학을 전공한 사람도 아

니면서, 지식도 별로 없으면서. 그냥 낚시 좋아한다고, 운치 좋고 멋있는 데서 그냥 낚시터 주인이 내놓는다 하니까 꼬임에 빠져서. 다 사기로 날리고서는 몇 년 하다가 거의 사기에 넘어가 가지고, 몇 년 하다가 거의 아파트 세 채값을 다 날리고. 그러고는 식구 보기 미안하니까. 자기가 뭐 빚만 잔뜩 져 놨지, 도저히 자기가 해결할 방법이 없으니까 음주 운전으로다가 그냥 사고로 가 버려 가지고. 진짜 죽을 돈도 없는데, 자기는 일을 저질러 버린 거예요. 그래서 살면서 조금씩 모든 것을 처분하고 싹 처분하고 나니까……. 전통시(가명)에 집이 있었거든요. 다 처분하니까 200만 원 남더라고요. 그때가 아이가 고2 때 이고, 고2 때 사고를 쳤고, 그래서 그 무렵에 모든 걸 다 청산을 하고 빚을 싹 다 갚고 나니까 한 개도 안 남고 200만 원이 딱 남더라고요. 그러니까 자식하고 잘 살다가……. 돈도 그냥 한없이 많은 돈도 만져 봤고, 많이 벌어 보았고. 그 젊은 나이에 그래서 갑자기 그냥 그렇게 돼서 아이하고 노숙자가 된거나 마찬가지였죠. 그 뒤에 아이가 영장이 나왔어요. 그래서 할 수 없다 너 군대 가면 엄마가 식당에서 일이라도 해서 너 대학교 학자금 마련해 놓을 테니 일단 군대를 가라 해서……. 그길로 장사도 해 보았다가 남의 집 파출부도 해 보았다가 하면서 근근이 아들 공부를 시켰고, 대학교도 졸업시켰는데 중국 유학까지 간다네요. 그래서 거기에서 직장을 잡고 있다가 지금은 다시 와 가지고 조그만 사업을 하고 있어요. 그런데 이것

심리상담 사례 분석의 실제

이 또 시작하자마자 코로나19가 터졌지. 그 시기에 또 그러니까 운영도 안 되고, 있는 돈 또 몇천만 원 또 저 퇴직금 날리고, 내 것도 몇천만 원 날리고, 자식이라 또 생기는 건 족족 자식한테 주다 보니까 저는 알거지가 됐고. 근데 그 사업이 잘되느냐 하면 그렇지도 않고, 인제 코로나도 지나갔고 이제 잘될 만하니까 경기는 또 이러네요. 제가 항상 마음이 불안하고 안 풀리고 서글프고 슬프고 이런 거는 이유가 있는 거죠.

**상담자**: 그럼요.

**내담자**: 이런저런 이유로 항상 마음이 불안하고 눈물이 나고. 그렇다고 뭐 뾰족한 수도 없는데 그러니까 항상 머릿속으로는 고민이 되는 거죠.

**상담자**: 그렇죠.

**내담자**: 그러니까 마음이 맨날 불안하고 거기다 또 남편이 괘씸하고 아직도 세월은 흘렀어도 마음은……. 그렇게 열심히 벌고 진짜 제대로 옷도 못 입고 잠도 못 자 가면서 번 돈을 그렇게 쉽게 그냥 지 멋대로 날리고……. 말을 안 들으면 폭력이 들어오니까, 그러니까 어쩔 수 없이 다 뺏기는 거야, 남편한테……. 그렇다고 자식을 버리고 집을 나갈 수는 없고. 자식이 불쌍해서 그 애비에게 자식을 맡겨 놓으면 개털 되는 거고. 자식을 데리고 나가려고 하니까 시어머니가 자식을 안 내놓는 거예요. 그러니까 그 집 식구들로 인해서 지금도 머리가 아파. 자다가 벌떡 일어나질 때도 있고, 괘씸하고 분한

생각에 욕도 해 보고, 내 마음을 다스린다는 게 참 많이 힘
드네요.

**상담자**: 아, 그렇죠.

**내담자**: 정말 없었던 일처럼 잊어버리고 있다가도……. 그게 그렇게
세월이 오래 흘렀는데도 그 마음이 아픈 거는 그렇게 쉽게
없어지지는 않더라고요. 그게 전부입니다.

**상담자**: 예, 사람은 태어나서 지금까지 경험한 모든 일들이 그냥 사
라지지 않고 무의식에 차곡차곡 가라앉아 있다가 연상상황,
연상기억에 의해서 의식으로 올라와요. ("예.") 연상상황, 연
상기억을 조금 쉽게 설명하면. 예를 들어 아주 오래전에,
20~30년 아주 오래전에 가까운 지인이, 나를 아껴 주었던
지인이 병으로 고생하다 돌아가신 기억이 있어요. 그걸 애
써 잊고 있다가 텔레비전을 틀었는데 암으로 고생하다 죽는
장면이 나와요. 그걸 보는 순간 예전에 애써 잊고 있었던 일
들이 엊그제 경험한 것처럼 생생하게 올라와요.

**내담자**: 예, 맞아요.

**상담자**: 좋은 기억들이 올라오면 삶의 질이 높아지지만.

**내담자**: 그렇죠.

**상담자**: 어두운 기억들, 생각하기조차 싫은 그런 충격적인 경험들이
올라오면 괴로워요.

**내담자**: 맞아요.

**상담자**: 잊으려고, 잊지 않고는 견딜 수가 없으니까. 그러면 친구하고
수다를 떤다든지, 아니면 혼자 술을 먹는다든지, 잊어야 되

니까. 그러한 경험들이 살아오면서 크고 작은 경험들, 충격적인 경험이라든지 상처라든지 그런 것들이 많이 있잖아요. 이러한 경험들이 가만히 있으면 시도 때도 없이 올라와요.

**내담자:** 맞아요. 그게 힘들어……

**상담자:** 괴롭죠. 그러다 보니까 처음에는 잊기 위해서 노력을 하다 보니까 우울해지고.

**내담자:** 맞아요.

**상담자:** 우울증에서 더 심해지면 조울증이 돼요. 조울증이라는 것은 기분이 막 좋아졌다가 가라앉았다가 양극성장애로 출렁출렁한다는 거예요. 여기서 더 진행되면 조증으로 가게 되고, 조증은 몸은 여기 있지만 정신은 몸과 분리되어 포기 상태가 되는 거예요. 그래서 심리상담에서는 우울 단계서부터 빨리 심리상담을 받아라, 그렇게 보는 거예요. 잠깐 이야기를 들어도 선생님이 살아오는 과정에서 수많은 경험을 한 것 같아요. 그래도 나름대로 열심히 살아오기 위해서 노력을 했고, 그러다 보니까 지금까지 오지 않았나 생각돼요. ("예.") 그런데 여기는 어떻게 알고 오신 거예요?

**내담자:** 이제 거, 동네 행복동(가명) 동사무소, 동사무소에서 우울증 검사하고 치매 검사를 하고. 우울증 검사를 하는데 주변에서 지인들이 알려 줘서. 이게 우울증이 아닌가, 자주 눈물이 나고 가슴이 터질 것 같고 매사에 불안하고. 또 아들이 비만이 심해요. 그래서 이러다 아들이 나보다 먼저 죽으면 어떡하지, 이런 모든 게 불안한 거예요. 그래서 이게 우

울증이 아닐까, 근데 내가 생각하기에는 괜히 우울증이 아니고, 이유가 있으니까 내 마음이 불안 한 거지.

**상담자**: 그렇죠.

**내담자**: 이게 사실은 진짜 우울증일까, 이게 이유가 있으니까 우울한 것 같은데. 그렇다면 우울증은 아니고, 이유가 있어서. 그래도 우울증일까. 그래서 검사를 받으러 갔어요. 그렇게 선생님한테 똑같은 사연을 이야기를 했더니 우울증 증세가 있는 거 같으니까 상담을 받아 보는 게 좋겠다. 그 선생님이 말씀을 하시더라고요. 그래서 몇 군데를 말씀을 해 주시더라고요. 뭔가 조금 마음이 밝아지지 않을까 해서 문의를 드렸습니다.


초기 상담에서 상담자와 내담자는 서로 간에 탐색을 하게 된다. 상담자는 내담자의 긍정적 변화와 치유를 위해 이야기를 경청하면서 말속의 말을 찾고, 적절한 질문도 하고 상담 내용을 초기, 중기, 종결기로 구조화해 이끌어 가고자 한다.

내담자는 상담자가 믿을 만한 사람인지, 자신이 가지고 있는 심리적 어려움을 해소하는 데 도움을 줄 수 있는 지, 자신의 증상에 대해 편견을 가지고 대하지 않는지 등 기대와 불안의 양가감정 속에 임하게 된다. 이와 함께 상담자에 대한 믿음과 신뢰가 형성되지 않는다면, 내담자는 자신이 가지고 있는 어두운 그림자에 대해 이야기를 하지 않게 되고 상담을 이어 나가지 않게 된다. 상담자가 자신의 문제 증상을 해소하는 데 도움이 될 것이라는 확신을 들면 내담자는 자신이 겪고 있는 어려움에 대해 이야기를 하게 된다.

심리상담은 일반 대화와는 다르게 내담자의 긍정적 변화와 치유를 위한 목표가 있다. 이러한 상담의 목표는 내담자가 호소하는 심리적·정서적·정신적 불편이나 증상이 완화 또는 해소되는 것이다. 이 과정에서 내담자가 현실을 직시하고, 인간관계를 정립하고, 불안, 긴장 처리, 충동 억제 능력을 기르고, 고착된 심적 에너지에서 벗어나 보다 성숙한 사람이 되도록 조력하는 것이다.

(중략)

**상담자**: 상담 목표를 정하고 싶은데. 불안한 마음 해소, 이것을 상담 목표로 잡아도 될까요?

**내담자**: 네, 긴장. 긴장하고.

**상담자**: 불안, 긴장 해소.

**내담자**: 가끔 분노.

**상담자**: 에, 분노 해소하고 삶의 질 향상. ("에.") 그렇게 상담 목표를 잡으면 되겠네요. 불안과 긴장이 없는 사람들은 병에 잘 안 걸려요. 마음의 병은 스트레스부터 시작해요. 불안과 긴장이 올라온다는 것은 스트레스가 과하게.

**내담자**: (말을 가로채며) 스트레스 잘 받는 편이에요.

**상담자**: 스트레스를 과하게 받기 때문에.

**내담자**: 술에 의존하게 되는 편이에요.

**상담자**: 아, 술도 드세요? ("에.") 술은 얼마나 드세요?

내담자: 괴로울 때는 그냥 소주 한 병.

상담자: 아, 소주 한 병……. 소주 한 병이면 일주일에 몇 번 드시나요?

내담자: 세 번 정도.

상담자: 세 번. 혹시 담배도 피우시나요?

내담자: 어쩌다 답답할 때.

상담자: 아, 답답할 때, 그러면 담배는 하루에 몇 개비 정도 피우세요?

내담자: 한 10개비 정도.

상담자: 10개비, 10개비 정도, 많은 사람들이 "건강에 해롭다."

내담자: 그렇죠.

상담자: "끊는 것이 좋다."라고 ("예.") 이야기를 많이 해요.

내담자: 그 생각을 저도 많이 하고는 있어요. 그런데 의존할 데가……. 조금 거기에 의존하니까요. 나가서 돌아다니는 것도 썩 좋아하는 편은 아니고요. 이제 고작 집에서 답답하고, 뭐가 답답하고 이러면 그전에 일을 많이 하다 보니까 심심풀이로 재래시장에 구경 다니는 거 좋아하고. 시장 봐서 요리하는 거를 그나마 좋아하는 편이고. 그 외에는 어디 놀러 가는 것도 싫고, 사람하고 막 모여서 있는 것도 싫고. 또 모여 보면 여자들이다 보니 서로가 미워하고 욕하고 이런 모습들이 많이 보이기 때문에. 그런 거는, 그 속에서 있는 거는 싫은 생각이 들어서 어울리지는 않는 편이에요. 그러다 보니까 술과 담배한테 의존하는 편인 것 같아요.

상담자: 아, 술은 가능한 줄이시는 게 좋아요. 건강에 해롭잖아요. 물론 술 담배를 한다는 것은 아직까지 체력이 받쳐 주기 때

문에, 힘이 있기 때문에 하는 거겠죠. 그래도 건강할 때 건강을 지키셔야죠. 담배는 가능하면 끊는 게 좋고 술은 그래도 조금 덜 드시는 게, 한 병 드실 때 반병으로 줄이면……. 간이 해독하는 데 시간이 필요해요. 그래도 일주일에 세 번이니까 하루의 간격을 두고 마신다는 거예요.

**내담자**: 그래서 이제 생각은 두 개가 안 된다는 생각은 있는데, 제가 스스로는 그게 어렵다. 그래서 교회를 한번 나가 볼까, 어디다가 그런 데다 매달리다 보면 내 의지대로 저거는 해결이 안 되니까. 교회라도 나가 볼까 그런 생각을 하고 있는 편이에요.

**상담자**: 아, 그래도 노력은 하고 계시네요.

**내담자**: 마음은 그래요.

**상담자**: 그렇죠. 생각한 대로 이루어져요. 내가 부정적인 그림을 그리기 시작하면 부정적인 그림이 완성되고 긍정적인 그림을 그리기 시작하면 긍정적인 그림이 완성이 돼요. ("예.") 내가 어떻게 앞으로 살 것인가, 이후의 시간을 행복하게 살 것인가, 안 그러면 지금처럼 힘들게 살아갈 것인가. 그것은 생각하기에 따라 달라져요. 따라서 선생님이 원하는 삶으로 살아가도록 불안, 분노, 긴장 이런 부분들을 이제 해소시키는데 도움이 많이 되지 않을까 생각해요. ("예.") 자, 이제 마무리할 시간이 된 것 같아요. 다음 상담 올 때까지 과제를 내드릴게요. 과제를 내드리기 전에 다음 상담은 언제 오시는게 좋겠어요?

**내담자**: 다음 주도 같은 요일, 같은 시간에 했으면 좋겠어요.

(하략)

필자는 내담자가 안전하고 편안하게 느끼도록 분위기를 조성하고 상담 경력, 배경, 학력 등을 소개를 하면서 믿음과 신뢰를 형성했다. 상담신청서 등 서류를 작성했으며, 상담 목표를 불안과 긴장과 분노를 해소하고 삶의 질 향상으로 정했다.

내담자는 삶의 과정에서 겪은 남편과의 사별, 아들의 문제 등 자신의 의지와 관계없이 일어나는 불행한 경험들로 인해 마음이 불안하고 화와 분노가 일어나며, 서글픔과 눈물이 나고 자다가도 벌떡 일어나게 된다. 괘씸하고 분한 생각에 욕도 하고 마음을 다스리기가 힘들다. 세월이 흘렀어도 잊히지 않고 수시로 생각이 난다고 했다.

내담자의 낮아진 자아존중감을 향상시키기 위해 산책하기, 햇빛 쐬기, 물 더 마시기 과제를 주었다. 1회기 상담을 마치고 우울, 불안, 자살 위험성 검사를 했다. 내담자는 우울증 건강 설문(PHQ-9) 척도는 23, 일반화된 불안장애 척도(GAD-7)는 20, 자해 및 자살 위험성 질문지(The P4 Screener)는 낮음으로 나타났다.

## ◇ 2회기 ◇

영속성의 부분인 경험과 시간은 삶의 여정으로부터 분리할 수 없기에 무의식에 잠재되어 어제와 오늘 그리고 내일의 연속선상인 현재에 영향을 미치게 된다. 내담자는 현재의 증상과 관련해 과거의 경험들이 회전판 원리에 의해 현실과 같이 떠오르기에 현재의 사건으로 느껴지게 된다.

의사소통은 서로가 가진 정보를 주고받기 위해서 언어적·비언어적 수단을 통해 정보를 주고받는다는 의미다. 그러나 언어의 낱말이나 표현에 여러 가지 뜻이 있는 다의적 속성과 여러 가지 상황 때문에 정확히 전달되지 않을 때가 있다. 기능적으로 의사소통을 하는 사람은 자신의 의견을 확고히 말하고, 전달하며, 받은 내용에 대해 부연 설명이나 피드백을 주고받으며 욕구를 충족한다. 그러나 역기능적인 의사소통을 하는 사람들은 자신과 타인이 하는 말을 생각하지 않고 지나치게 일반화하고, 말의 의미를 흐리게 하는 의사 표현을 하며 불완전한 메시지를 전달한다. 이들은 메시지를 보내지 않고도 메시지를 보낸 것처럼 대인관계를 하는 경우가 많다.

(전략)

상담자: 지난 상담 이후 자주 떠오르거나 마음을 무겁게 한다거나 그런 일들이 있었나요?

내담자: 음, 항상 있는 문제는 무엇이 있느냐면, 아들이 하나 있어요. 근데 이제 그 아이가 고2 때 아빠가 전 재산을 날리고 이제 돌아가셨는데. 그 아이도 그 당시에는 충격이 컸겠죠.

상담자: 그렇죠.

**내담자**: 우리가 잘 살고 있는 것 같은 데 어느 날 아빠가 사업이라고 한답시고 이것저것 하더니 모든 걸 잃어버리고 자기는 가 버리고 갑자기 엄마하고 저하고는 노숙자가 되다시피 했으니까. 그 아이가 충격을 많이 받았음에도 불구하고, 저는 나 아픈 것만 생각하고 그 아이 마음이 아픈 건 생각을 못 했어요. 그런데 그때는 젊은 나이에 혼자가 되다 보니까 문 앞을 못 나가겠는 거야, 창피해서. 그리고 그 사람이 그냥 뭐 지병으로 갔으면 덜 속상하고, 덜 창피했을 텐데 자기가 그냥 억지로 그냥 가 버린 거잖아요. 거기에 대한 충격도 컸지만 너무 부끄러운 거예요. 다시 생각을 좀 해서 '내가 이렇게 집안을 망하게 했으니까 뭐라도 해서 집안에 도움이 되도록 일궈야지.' 하는 책임감이 있어야 되는데, 나 몰라라 하고 가 버린 거예요. 너무 괘씸하고 불쌍하고 속상하고 그랬는데, 그렇게 1년 가까이 문밖을 못 나가니까. 그때 알코올의 힘을 빌려서 지내다 보니 밥도 못 먹겠고. 알코올에 의지를 하게 된 거예요. 그렇게 술을 좋아하는 편이 아니었는데, 어떻게 헤어 나올 길이 없으니까 죽으면 좋겠더라고요. 도저히 헤어 나올 길이 없어. 집안일을 하는 것도 싫었으니까. 그래서, 아, 어떻게 죽었으면 좋겠는데. 그렇게 알코올만, 죄 없는 알코올에만 의지하다가 결국은 위가 자꾸만 꼬이면서 역류가 되더라고요. 아이가 학교에 가려고 가방을 메면서 그러더라고요. 이제 죽게 생겼거든, 엄마도, 고2 학생이 보았을 때. 엄마마저 잘못될 것 같은 마음이 드니까 그 아이

심리상담 사례 분석의 실제

가 하는 말이 "엄마만 마음이 아픈지 알어? 나도 아퍼." 딱 한마디 던지고 학교를 가 버리더라고요. 근데 그때 정신이 바짝 나더라고요. 아, 그래 왜 나만 아픈 줄 알고, 내가 나를 이렇게 혹사를 시킬까. 아들이 있는데. 아들 한마디에 정신을 차리게 되더라고요. 그래서 '어차피 모두 다 잃었는데 나라도 정신을 차려야지 저 아이를 학교를 보내지……' 생전 안 해 본 파출부를 시작했어요. 그러면서 아이가 학교 가는 데 금전적으로 고민 안 하도록, 이제 열심히 살다가. 애가 이제 군대를 가게 됐어. 대학교 1학년쯤 되니까 영장이 나와서 가야 되는 거지. 그런데 엄마 혼자 놔두고 가지 못하니까 아이가 자꾸 입대일 연기를 시키더라고요. 엄마 혹시 어떻게 될까 봐. "그냥 그러지 말고 갔다 와. 그러면 엄마가 대학 자금을 이렇게 열심히 일해서 모아 놓을 테니까. 군에 갔다 와서 복학을 해라." 그래서 그렇게 됐는데 대학교 4년은 뭐 이렇게 서울, 장안에 있는 학교는 아니지만 지방의 천상대학교(가명)에 다녔는데. 그래서 뭐, 군에 갔다 오고 서울에 올라오게 되었어요. 친정이 경기도 사랑시(가명)에 있었는데 언니가 식당을 하는데 가 가지고 거기서 일을 했어요. 그 집에서 일을 하면서 애 대학 자금을 마련하고 4년제 대학 나오게 하고. 그때쯤 되면 대학교만 나오면 애가 자연히 자기 직업을 찾을 줄 알았죠. 그런데 그렇게 모든 게 만만하지 않더라고요. 그때도 뭐 이렇게 경제가 썩 좋지 못하니까 중국으로 유학을 간다고 하네요. 가더니 거기서 조금 일도 하면서 공부도 하면서 7년을 있는 거예요. 그러니까 저는 혼자 살았고, 아이는 중국에서 혼자 그렇게 공부도 하면서 일도 해 가면서. 중국어에 대한 중문과를 나왔으니까 중국어가 능통하게 돼 가지고 왔는데, 7년 동안 있으면서 몸이 이렇게 돼서 온 거예요. 그렇게 되고 나서 살을 못 빼는 거예요. 지금은 조그만 사업을 한다고 하고 있는데 항상 "내년이면 집 사.", "내년이면 집 사.", 10년째 속고 있거든요. 근데 오히려 엄마 돈 있는 거 모아 놓으면, 애가 사업 자금이 조금 저기 하면 주게 되고, 조금 모아 두면 주게 되고. 계속 주기만 한 거지, 받지는 못하고 살았어요. 근데 자식이라 어쩔 수 없이. 지금까지 뭐 그렇다고 해서 밥 굶는 거는 아니지만, 풍족하지는 않으니까 굉장히 검소하게 살려고 노력은 하고 있는데요. 얘가 살을 안 빼고 그냥 130~140킬로그램을 안고 있으니까, 자기 스스로 그렇게 몸을 만들었으니까, 운동도 좀 하고, 사업이라고 하는 사람이 명함도 쫓아다니면서 주고, 부지런히 뛰고, 막 그냥 남들보다 더 그냥 부지런히 움직여야 되는데, 그런 모습은 안 보이고. 또 먹는데는 자꾸 많이, 먹는 거는 굉장히 좋아하고. 그리고 운동은 또 안 하고 있고. 그러니까 이제, 마음에서 제일 마음을 차지하는 거는 자식. 지금까지 열심히 살아서 가르치는 데까지 가르쳐 놓고, 그만큼 배울 만큼 배워 놨으면, 자기 몸매를 좀, 이렇게 좀 잘 관리를 해서 정상인으로 살아야 되는데, 제가 보기에는 너무 중증환자거든요. 먹는 거 좋아하

　심리상담 사례 분석의 실제

고, 근데 말 잘하고 머리 좋고.

**상담자**: 그렇죠.

**내담자**: 그거만 그렇지 제가 보기에는 돈 버는 기술은 없는 것 같고. 그리고 그냥 근데, 나쁜 놈은 아니거든요.

**상담자**: 그럼요.

**내담자**: 엄마 말 잘 듣고, 뭐가 먹고 싶은 거 없나 항상 물어보고. 나는 뭐든지 주전부리 못 하게 하고, 사치하지 않게 하고, 먹는 거 치우치지 말라고 하고, 집에서 치킨 같은 거 시켜먹지 말라고, 꼭 먹고 싶다면 엄마가 집에서 해 줄 테니까. 비용도 절감하고, 좋은 기름에다가 이렇게 먹게끔. 사 먹는 기름은 뭐 못 먹는 기름에 튀긴 걸 주겠냐마는, 아무래도 수십 마리 튀긴 기름에다가 튀긴 것을 먹으면 좋지 않으니, 엄마가 집에서 좋은 기름에다가 튀겨서 줄 테니 어쩌다 먹고 싶다면 집에서 해 줄 테니까. 돈도 덜 들어가고, 집에서 생닭을 튀기면 훨씬 싸고 좋지 않냐. 그런 식으로 하는데도 불구하고, 살을 못 빼고 있는 게, 그게 이젠 너무 같이 살고 있으니까, 맨날 보니까.

**상담자**: 그렇죠.

**내담자**: 그러니까 화가, 맨날 화가 나면 들어가 있고, 표현을 하면 저도 싫을 텐데, 저도 힘들 텐데, 그 몸을 가지고 있으면……. 어쩌다 한마디를 하면 애는 엄청나게 큰 잔소리로 알아듣기 때문에 이거는 한 달에 한 번, 두 달에 한 번, 어쩌다가 "운동 좀 해라." 그러면 큰 잔소리로 알아듣고 반항

을 하고, "엄마처럼 이렇게 잔소리하는 사람 없다."라고 굉장히 반응을 크게 하기 때문에, 그래 제쳐 놓고 포기하자 이래 놓고……. 마흔다섯이면 장가가서 새끼가 있어야 되는데. 그럼에도 불구하고 저렇게 결혼도 포기하고, 몸 관리도 안 하고. 그러니까 가슴이 자식으로 인해서 참아야 되니까, 어쩌다 말 한마디 하면 싸워야 되고, 말다툼해야 되고. 아이는 엄마가 싫다고 그러지, 그냥 모든 걸 다 참아야 되니까. 그냥 아들만 봐도 여기가 꽉 막히고, 답답하고 그러니까 집에만 들어가면 마음이 안 좋고, 그냥 환자야. 그러니까 자꾸 나가서 사람들하고 대화도 해 보고, 이제 일부러 이렇게 자꾸 밖으로 나가 보려고 애를 쓰는데. 성격상 또 어디 다니고 어울려서 다니고, 놀러 다니고, 찻집에 다니고, 이런 거 썩 좋아하는 편은 아닌데. 고작 간다는 게 거기, 봉사 단체, 그러고 있는데 그게 이제 자식으로 인해서 항상 마음이 편하지 않는 거 그런 점이.

**상담자**: 그렇죠.

**내담자**: 누가 뭐 저로 인해서 고쳐지는 병도 아니고, 그 아이가 성공을 하고, 그 아이가 살을 빼서 건강을 찾고, 그러지 않는 이상은, 항상 마음은 제가 이렇게 밝아질 수 없다고 가슴에서는 꽉 막혀 있죠. 그게 문제이고 저한테 문제가 되는 거 같아요.

**상담자**: 그렇죠.

**내담자**: 그냥 억지로 산다고 할까. 그냥 억지로 사는 거지. 내가 노

심리상담 사례 분석의 실제

력을 하는 거야, 그나마 그냥 우울증이 자꾸 심해질까 봐. 그냥 옆집 언니한테라도 일부러 가서, "언니 차 한 잔 줄래?" 이러고 가서 앉아 있으면 또 그분은 그분 나름대로 할 말이 많고, 그분 속상한 이야기 들어 주고, 그분이 안 편한 것도…… 저는 어디다 털어놓는 것도 못 하고. 다 들어 주는 입장이 되어 버리고 오는 거예요. 오히려 그러니까 그냥 '그래, 이런 것도, 나만 아프냐. 까짓 거 저 사람도 아프다고 하네.' 그러네요.

**상담자**: 성장 과정에서 야단 안 맞고 자란 사람이 있겠어요? 때에 따라서는 심하게 야단맞을 수도 있고, 적게 야단맞을 수도 있고, 사람은 태어나서 지금까지 경험한 모든 일들은 그냥 사라지지 않고 무의식에 차곡차곡 가라앉아 있다가.

**내담자**: (말을 가로채며) 맞아, 맞아.

**상담자**: 연상상황, 연상기억에 의해서 의식 위로 올라와요. 그러면 어두운 기억들이 시도 때도 없이 올라오게 되면 괴로워요.

**내담자**: 너무 괴롭죠.

**상담자**: 잊으려고 하다가 잊히지 않으니까 우울해져요.

**내담자**: 음, 맞아.

**상담자**: 우울에서 더 나아가면 조울증이 와요. 즐거웠다가 슬프고 이런 기복이 심하게 되는데 양극성장애라고도 해요. 조울증에서 더 나아가면 조증. 모든 걸 포기해요. 이래도 안 되고, 저래도 안 되니까. 몸은 여기 있지만 마음은 둥둥 떠서, 이래도 좋고, 저래도 좋고. 그래서 우울증 단계부터 심리상

담을 받으라고 해요. ("예.") 선생님이 가지고 있는 어두운 그림자가 선생님만 가지고 있지 않다 하는 것을 주변 사람들의 이야기만 들어도 알 수 있잖아요.

**내담자**: 항상 그게 있잖아요. 아이에 대한 불만. '왜 내가 걱정하지 않아도 될 걸 걱정하게 하지? 스스로가 어떻게 해결해 보지. 노력을 안 하니까 그냥 항상 정답이 없으니까 여기 왔지……' 그게 불만. 아이에 대한 불만이 있는 편이에요. 그러다 보니까 집에 혼자 있으면, 아직도 술을 혼자서……. 집에 오면 그렇게 되더라고요. 그냥 억지로 사는 것 같은 생각이 들어요. 나가면 잊어버리더라도 들어오면 또 억지로 사는 것 같은 생각이 들고, 왜 내가 이 나이에 아이의 밥을 해 주고 있고, 여태까지 힘들게 살았는데 저 아이의 밥을 해 줘야 하고, 언제까지 저 아이 밥을 해 줘야 하는지……. 나는 내가 밥 먹기 싫어도 아들 때문에 밥을 해야 하는데, 또 반찬을 아이를 위해서 뭐를 해 주지, 생각을 하게 되고. 그런 것도 그냥 다 문제가 되는 거 같아요.

**상담자**: 아, 그렇죠. 이걸 봐도 마음에 안 들고, 저걸 보아도 마음에 안 들고.

**내담자**: 그러니까 이제 아이 위주로 이제 딸려서 사는 것 같은……. 그러면서 사는 것은 하나도 재미없는데, 이 아이가 정상인으로 잘 살고 있으면 아마 마음이 날아갈 것 같아요. 그러니까 사업도 잘되는 것 같지도 않고, 말만 잘해 가지고 내년에는 집 살 수 있어, 이런 식으로 엄마만 안정하도록 만들고.

그때 가면 아닌 것 같고……. 그리고 또 "일단은 돈보다도 너는 살을 빼야 돼." 이게 애가 잘 때 숨을 꽉 참았다 '푸' 할 때가 있어요. 이렇게 아들은 저쪽 방에 있고, 나는 이쪽 방에서 자는데도 불구하고. 숨을 꽉, 갑자기 어느 날 자는 소리가 아주 갑자기 코를 골다가 숨을, 숨 쉬는 스리가 안 들려. 그러다가 한꺼번에 몰아서 '푸' 할 때에는 저러다가 숨넘어가면 어떡하지? 그러니까 항상 아빠도 일찍 돌아가셨는데 새끼도 나보다 먼저 가면 어떡하지……. 벌써 이거는 중증환자거든요. 아마 140킬로그램 넘으면 넘었지, 안 되지 않을 거란 말예요. 1미터 75센티미터에. 그러니까 저는 공포증이 항상 있는 거예요. ("에.") 이거 어떡하지, 쟤가 나보다 먼저 가면 어떡하지, 나는 그럼 어떡하지, 근데 그것뿐만 아냐. '내가 그 꼴 보지 말고 내가 먼저 가야 돼, 내가 먼저 가야지. 그러면 쟤는 혼자 불쌍해서 어떡해.' 이게 이래도 답이 안 나오는 거. 저래도 답이 안 나오고. 호호호. 와, 마음이 진짜. 이거 무슨 나는 하늘을 등에다 업고 다니는 거지. 히히히히. 아주 갑갑해서, 그러니까 항상 무거울 수밖에 없죠.

**상담자**: 그렇죠.

**내담자**: 이게 자식 때문에 아픈 거예요. 지금은.

**상담자**: 자식 때문에 아프다.

**내담자**: 포기하고 살자, 그냥 뭐 장가가면 가고, 말면 말고, 그냥 되는 대로 너 살 수 있을 때까지, 나 살 수 있을 때까지 살자, 하다가도 그게 답이 아닌 거야 또.

**상담자**: 눈에 보이면 답답하고.

**내담자**: 그래서 아들하고 즐거운 대화가 없어요. 그냥 "건강(가명)아, 밥 먹자." 밥해 놓고, "밥 먹자.", "네." 밥 먹고 나서 "잘 먹었습니다." 그러면 끝이고 밥 먹을 때만 그러고, 끝이고.

(하략)

내담자는 상담자에게 믿음과 신뢰가 형성되었는지 삶의 과정에서 경험한 마음속에 자리 잡고 있는 어두운 그림자에 대해 지속적으로 이야기했다. 내담자의 마음을 불편하게 하는 것들 중에는 아들의 현재 모습이 마음에 들지 않는다는 것이다. 남편이 재산을 다 날리고 죽었으며, 혼자 어렵게 아들을 키우게 되었는데, 아들이 자리 잡지 못하고, 과체중인 상태를 보니 답답하고, 화도 나고, 그러다 보니 술과 담배에 의존하게 된다고 했다.

내담자는 자아존중감이 약하고, 피해의식이 심했다. 스스로 만든 틀에서 문제 증상의 원인을 외부에서 찾고 있으며, 자기 합리화를 하고, 스스로를 옥죄고 있다. 따라서 건강한 몸과 마음의 회복을 위해 한 시간 이상 산책하기, 햇빛 20분 이상 쐬기, 물을 평소보다 더 마시기 등의 과제를 내주고 확인했다.

# ◇ 3회기 ◇

자아존중감이 높은 사람들은 자기 자신을 소중하게 생각하고, 당면 과제나 다가오는 상황에 대해 긍정적으로 대처하며, 원치 않은 어려운 상황에 처하더라도 회복탄력성이 빠르다. 또한 자기효능감은 어떠한 행동에 대해 원하는 결과를 끌어내고자 하는 자기 능력에 대한 신념으로서 행동을 추구하거나 피하려는 선택에도 영향을 미치게 된다. 높은 자기효능감은 수행하는 일에 대한 과정이나 결과에 긍정적 사고를 가지게 만든다. 그러나 낮은 자기효능감은 당면 과제에 대한 부담감과 회피하고자 하는 마음이 크다. 이와 함께 자신의 능력을 낮게 평가하며, 원하는 결과를 끌어내지 못하고 실패할 것이라는 부정적 사고와 함께 학습된 무력감을 가지게 된다. 따라서 자아존중감이 높은 사람은 자기효능감 역시 높아진다.

(전략)

**상담자**: 요일별로 바쁘게 지내시네요.

**내담자**: 좀 그런 것 같아요. 좀 많이 하다 보니까.

**상담자**: 그렇죠.

**내담자**: 헬스도 하고 뭐, 헬스도 다니고 아침에 에어로빅도 하고, 장구도 배우고. 호호호.

**상담자**: 재미있게 사시네요.

**내담자**: 근데, 이제 잘 할 줄 모르니까, 이제 머리를, 이제 집중하고

그러면서.

**상담자**: 몰입이 되니까 ("예.") 다른 생각을 잊어버리게 되고.

**내담자**: 예, 그런 편이에요. 노력을 하고 있고요.

**상담자**: 아주 건강하게 사시는 것 같아요. ("예.") 그중에 어떤 것이 더 관심이 가요?

**내담자**: 첫째는 운동을 주로 많이 해야 되겠다는 생각이 들어요. 건강을 생각해서.

**상담자**: 그렇죠.

**내담자**: 그리고 사람들을 만나서 이렇게 이야기도 하려고 노력을 하고. 사람 만나고 막 이런 거 좋아하는 성격은 아닌데, 이제는 조금 그거보다도 이런 사람도 보고, 저런 사람도 보고.

**상담자**: 그렇죠.

**내담자**: 해 보려고 노력은 해요.

**상담자**: 아주 잘하고 있어요.

**내담자**: 감사합니다.

**상담자**: 요즘 아들하고는 어떻게 지내고 있어요?

**내담자**: 그냥 마음은 아닌데, 그냥 좋게 지내려고, 말도 잘 하고 있어요.

**상담자**: 잘하고 계시네요. 그러면 아들하고 대화도 자주 나누고 있나요?

**내담자**: 예, 대화가 없는 편이라서, 이렇게 뭘 물어보면……. 자상한 편이 아네요. "예.", "아니오.", 그렇게 하면 되지, 딱 할 말만 하면 자기 방에 들어가니까. ("아.") 그렇게 뭐, 한참 앉아서

서로 주거니 받거니 잘 안되더라고요. ("아.") 밥이나 같이 먹
으면 모를까……. "이것도 먹어, 골고루 먹어야지." 그러면서
말을 한마디씩 하지, 그리고 또 사무실로 가 버리니까.

**상담자**: 그렇죠.

**내담자**: 말할 시간이 없고, 저녁에는 늦게 들어오고. 또 뭐 모임이
있어서 저녁도 먹고 오는 날이 있고. 술 먹고 오는 날도 있
고. 그러다 보니 말할 시간이 별로 없고. 그리고 내가 운동
도 좀 하고, 장구도 배우러 다니네. 또 여성 단체 식사 당번
이 돌아오면 또 가서 식사 준비하고 해 주고. 그런 쪽으로
조금 나도는 편이니까, 날 더우니까 걱정을 많이 해요. 날 더
운데 무리하지 말고, 햇빛 심한데 너무 다니지 말고, 너무 심
하게 하지 말라고. 이제 날이 더우니까 그 걱정은 해요. 항
상 주의를 줘요. 항상 조심하라고요. 그리고 뭐 그렇게 말은
그렇게 할 시간은 없어요. 시간상. 그래도 ○○까는 그러더라
고요. "엄마, 여름인데 우리도 어디 피서를 가야지."

**상담자**: 아, 그렇죠.

**내담자**: "피서는 한창 더울 때 가면, 나가면 고생이더라……." 싫다고
그랬어요. 나가면 고생이죠. 너무 더우니까, 바닷가 가면 그
늘도 없지, 펜션에 들어가서 그냥 앉아서 쉴 바에는 뭐 하
러 가냐고, 피서는 뭐 하러 가겠어요. "나는 안 가고 싶다."
그랬죠. 퇴짜 놨어요. 그러고 왔어요.

**상담자**: 아니 모처럼 아들이 피서 가자고 그러면 "그래, 좋다. 어디
로 갈까?" 하고 계획도 세우시고.

**내담자**: 가끔 이제, 지가 낚시는 잘은 못하는데 어쩌다 한 번씩 바람 쐬러, 거기 뭐지, 가두어 놓은 데.

**상담자**: 가두리 낚시터.

**내담자**: 가두리 그런데 가서 낚시를 했는데. "엄마, 바람도 쐴 겸 같이 가." 그래서 두어 번 같이 간 적은 있어요. 근데 그렇게 나가 보니까 햇볕이 뜨거우니까 그냥 힘들더라고요. 오히려 뙤약볕에 앉아 있는 것도 힘들고 그러니까, 뭐. 그런데는 나무가 우거져서 그늘도 있는 것도 아니고, 더 피곤하더라고요. 그래서 더울 때는 여행가는 것은 반대예요.

**상담자**: 그렇죠. 각자 취향이 있으니까, 그래도 집에만 있는 것보다 모처럼 아들이 밖에 나가자, 날도 더워지니까 남들 피서 가는데 우리도 가자, 이야기를 했을 거예요. 그때 "그거 좋은 생각이다. 어떻게 그런 생각을 했냐, 고맙다. 그래, 같이 가 보자." 그러면 아들이 더 신나서 계획도 세우고 어디로 갈까, 물어볼 거 아니에요?

**내담자**: 그렇지만 엄마 입장에서는 '요즘 경제도 안 좋은데, 그건 사치 아닌가.' 속으로 뭐 나가서 식사를, 뭐 사먹는다고 해서, 웬만하면 집에서 도시락 같은 거, 고기 같은 거, 직접 재워 갖고 가서. 그런 데서는 해 먹어도 되거든요. 해 먹을 수 있게 해 놓았더라고요. 해 먹기는 하지만 2박 3일 동안 있는데 그래도 거기까지 왔으니까, 걔 입장에서는 엄마 회 좋아하니까 회도 사 주고 싶고.

**상담자**: 그렇죠.

심리상담 사례 분석의 실제

내담자: 그런데 엄마 입장에서는 그런 거, 이제 저는 다 사치라고 생각을 하는 거죠. 좋게 살려고 하면 따라 가는 게 맞는데.

상담자: 하하하. 알고 계시네요.

내담자: 그럼요. 호호호. 그게 싫은 거야, 날은 덥지, 힘들지, 그리고 뙤약볕에서 앉아 있으려니 힘들고 그래서 가 보았기에 아니까.

상담자: 그렇죠.

내담자: 먹는 거는 뭐 집에서 준비해 가지고 가면 큰돈 안 들고 얼마든지 잘 먹고 오는데, 문제는 너무 뜨거우니까 고통스럽더라고요. 더울 때 어디 가자고 그러면 싫더라고요. 너 혼자 가라는 거지, 나는. 호호호.

상담자: 모처럼 아들이 엄마하고 좋은 시간을 보내기 위해서 효도할 겸 해서 손을 내밀었는데 그걸 뿌리쳐 버렸네요.

내담자: 에, 그랬어요.

상담자: 그리고 어디 놀러 갈 때 음식을 많이 해 가는데. 젊었을 때는 재미 삼아 할 수도 있어요. 이제는 즐기러, 쉬러 가는 거잖아요. 그러면 음식 같은 거 일절 해 가지 말고 현지에 가서 비싸게 먹으면 어때요? 음식값 아낀다고 요리하면서 즐거운 시간이 없어지는 것보다 더 낫다는 거예요. 기쁨을 준다는 거예요. 그리고 지역 경제도 살고, 그래서 내가 어느 곳에 가서, 더군다나 내가 가장 사랑하는 아들이 나를 위해서 이끌어 준다면, 다만 어디 어디 가자고 몇 군데 정해 주면 그중에 여기가 좋겠다. 그렇게 하시면 좋지 않을까. 그리

고 날이 더우면 더운 대로, 추우면 추운 대로, 비가 오면 비가 오는 대로, 땡볕이면 땡볕인 대로…….

**내담자**: 더우면 너무 힘들어요.

**상담자**: 덥다고 하셨는데, 여행지 가면 꼭 더운 거 아니에요. 내가 어느 곳에 어떻게 쉬고 있는가에 따라서 얼마든지 시원한 곳에서 즐길 수도 있다는 거예요.

**내담자**: 펜션은 있어요. 근데 이제 펜션 안에서 지내기만 하려면 뭐 하러 여행이 필요하겠냐, 이러지 거기 가서……. 집에도 에어컨이 있고 얼마든지 편하게 시원하게 있을 수 있는데, 이거는 또 나가서 사 먹어야 하고, 비싼 값에 사 먹어야 하고. 가는 데마다 또 음식도 비싸기도 하고. 뭘 먹어 봐도 나는 또 맛있게 먹어 본 적이 없는 것 같아요.

**상담자**: 그렇죠.

**내담자**: 비싸기는 하고 그러니까 돈이 아깝다는 생각이 들어서 4만 ~5만 원, 회 한 접시 먹으려면 4만~5만 원 이상 드니까.

**상담자**: 그럼요.

**내담자**: 그래서 그런 게 이제 사치다 싶어서, 이제 집에서 장만하고, 고기나 사 가지고 가고 상추나 김치 가져가면 되지. 호호호. 그런데 이제 아들은 낚시하고 재미있지만 뜨거워서 펜션 안에 들어 앉아 있으려면 '이게 무슨 의미가 있나.' 그런 생각이 들더라고요. 그렇게 몇 번 다녀 보기는 했어요. 아주 뭐 펜션도 시원한 데다가 아들이 예약해서. 엄마 편하게 맛있는 거 다 사 주려고 애쓰고. 엄마 먹는 거는……. 먹고

싶은 게 없다고 말을 해서 그렇지, 뭐가 먹고 싶다고 말하면 당장 뭐, 인터넷 두드려서라도 어떻게든지 구입을 해서 주는 편이에요. 그런 거는 속이 깊어, 말은 잘 안했을 뿐이지 속은 깊어요. 근데 이제 엄마보다 더 버력하는 성질이 있어. 엄마한테 덤비니까 내가 무서워서 말을 안 거는 거지. 그래서 엄마를 이겨 먹으려는 성질이 있어서, 오히려 내가 기에 눌리는 편이야. 아무래도 더 젊고 배운 것도 많고, 머릿속에 든 것도 많고, 그 상태에서 엄마를 봤을 때 답답한 게 한두 가지가 아니겠지. 또 뭐 하다 보면 인터넷 같은 거 잘 못하니까, 물어보려다 보면, 두 번을 물어보면 혼나. ("아.") 세 번을 물어보려면 안 혼나려고 안 물어봐, 그냥 말아. 물어보려다가 그러면 포기할 때가 많지. 다 잘하는데 엄마를 이겨 먹는 습관이 있고, 두 번 물어보면 답답해하는 성격이 있어서, 그냥 내가 상처 안 받으려고 그런 면에서는 그냥 접고 마는 게 많죠. 몰라서 물어보려는 거보다, 두 번 물어보면 혼나니까. 답답하다는 거지. 그러니까 걔 입장에서는 그럴 수 있을 거예요. 저는 그런 거, 이런 거 볼 때 빠른데, 엄마는 생각이 느리거든 이게, 그런 기계치라서 더군다나.

상담자: 그렇죠.

내담자: 모르는 데다가 기계치라서 만지는 것을 두려워하고 그런 게 좀 있어요. 뭘 잘못 누르면 요금 많이 나오는 거 아닌가 불안 증세가 있다 보니까, 텔레비도 뭐를 함부로……. 가르쳐 줘, 여기를 뭐를 누르고 가면, 여기는 노래 교실도 나오고,

뭐 여기를 누르고 말을 하면 프로그램이 뭐가 좍 나오고, 가르쳐 줘요. 가르쳐 주는데 "어, 그렇게 하는 거야.", "알았어, 하면 되겠네." 하면, 아들이 없을 때 해 보니까 되기는 돼요. 그런데 이제 껐다가 며칠 후에 누르다 보면 잊어 먹고.

**상담자**: 그렇죠.

**내담자**: 누르다 보면 말을 하라고 하는데. 거기까지는 갔는데. 여기서 또 뭐, 어떻게 하라고 그랬더라? 그러면 또 잊어버리는 수가 있어요.

**상담자**: 그렇죠.

**내담자**: 그래서 그때는 뭐 또 물어보려면 한마디 듣지 않을까, 그렇다고 내 마음대로 눌러 보고……. 아들은 이것도 눌러 보고 저것도 눌러 보래요. 그러다 보면 엄마가 이제 느끼까. 근데 뭘 잘못 눌렀다가 고장 나는 거 아닌가, 모르니까 불안하고. 오히려 불안 증세가 있어요. 그래서 그 불안 증세가 이제 기계를 망가트리는 거는 아닌지, 또 휴대폰도 "엄마, 이거는 이렇게 눌러 보고 저거는 이렇게 눌러 보고 해서, 엄마가 스스로 터득이 되는 대로 잘 눌러 봐." 그러고 가르쳐 주는 대로 해 보지. 근데 이제 며칠, 별로 필요하지 않아서 며칠 지나면 잊어버리는 거지, 뭐 어떻게 들어가서 누르라고 하는 거, 저기 입구 들어오는 번호, 별 누르고 뭐 나중에 종 누르고, 그런 것들이 머릿속에 입력이 되어야 하는데.

**상담자**: 그렇죠.

**내담자**: 적어 가지고 보고 눌러 가지고 오거든요. 머릿속에 입력이

안 돼, 잊어버리니까. 그게 잊어버릴까 봐 외우려고 하니까, 불안하니까 적어 가지고 다니는 거예요. 그런 식으로 텔레비전도 잘못 만지면 고장 나는 거 아닌가, 휴대폰도 잘못 만지면 요금이 많이 나오는 거 아닌가, 그렇게 일을 저지르면 안 되니까 아예 손을 안 대고, 내가 필요한 거는 문자 할 줄 알고 전화 걸 줄 알고. 그냥 뭐 받을 줄 알고, 걸 줄 알고, 그 정도면 불편한 것은 없더라고요. 그래서 그냥 복잡한 거는 알려고 하지 않고, 쓰기 편한 대로 아는 케까지 하고 사는 거지. 그러니까 무식한 거지, 머리가 트이지 않는 거지. 그러다 보니까, 더 많이 알 수 있는데, 그런 점이 아들이 봤을 때 답답하겠죠.

**상담자**: 그렇죠.

**내담자**: 그래서 뭐라도 배우려고 가요. 뭐 가요도 있고, 장구, 뭐 자꾸 이런 복지 이런 데 가서 노크를 해요. 뭐를 좀 배울 수 있는 게 없을까 하고.

**상담자**: 그렇죠.

**내담자**: 무료니까, 요새 그러고 다녀요. 이제 네 가지. 여성문화센터에 일주일에 한 번씩 수요일에 밥상 모임이라고 어르신들 밥 이렇게 해 드리는데. 돌아가면서 해 주는데. 내 차례가 돌아오면 또 거기 가서 하기도 하고 그러니까는. 이제 좀 바쁘게 하려니까 두세 가지 더 해 볼까 싶어서 아직도 복지 이런 데 쫓아다니는 편이에요.

**상담자**: 잘하고 있어요. 마음이 가는 대로 행동을 하면 후회가 덜

해요.

(중략)

**상담자**: 지금까지 선생님이 열심히 살아오셨어요. 그리고 가족들을 위해서 헌신을 하셨고, 이제는 아들이 나이가 많잖아요.

**내담자**: 마흔다섯.

**상담자**: 45세, 45세면 선생님이 이래라저래라 할 시기가 한참 지났어요.

**내담자**: 지났죠. 말을 해도 통하지도 않아요.

**상담자**: 말을 해도 통하지도 않고, 오히려 선생님보다 더 많이 알고.

**내담자**: 맞아요.

**상담자**: 선생님을 오히려…….

**내담자**: 공격해요. 무시하는 거죠.

**상담자**: 그렇죠. 무시하는 것도 있고 안 통하니까 강압적으로 이야기도 하고. 그거는 선생님이 받아들일 때 공격하는구나, 그렇게 받아들이는 거고. 그 이면에는 선생님이 피해의식이 많이 깔려서 그래요. 따라서 피해의식이 많은 사람들은 어두운 경험이 많다는 거예요. 피해의식을 극복하기 위해서는 즐거운 경험을 많이 해야 돼요. 그리고 자주 웃을 수 있는 경험을 하고, 주변에 긍정적인 사람, 긍정적 에너지가 많은 사람들하고 대화를 나누면서 같이 어울려 지내세요. 에어로빅, 헬스, 장구, 아주 좋은 자원이에요. 장구 칠 때 막 신

나잖아요. 사람들의 모습이 다 똑같잖아요. 빈부격차를 다 떠나서 서로가 장구를 칠 때 같이 웃고 그런 경험을 많이 하시라는 거예요. 그리고 에어로빅 할 때 어두운 생각 안 들잖아요. ("예.") 춤추고, 에어로빅 선생님 하는 것 보고 막 따라 하고, 못해도 따라 하고, 실수하면서 웃고, 같이 잘하려고 노력하고. 그렇게 내 몸이 감당할 수 있는 만큼. 아무리 좋은 거라고 해도 에너지가 너무 많이 소비되면 몸이 불편하기 때문에 내가 감당할 수 있는 한도 내에서 하시면 좋다는 거예요. 따라서 선생님이 자아존중감을 높이게 되면 피해의식은 많이 줄어들게 되고 대화할 때도 불안과 긴장이 사라지게 돼요.

**내담자:** 사람들하고 대화는 못 하는 편은 아닌 것 같아요. 그래도 막힘없이 대화는 하는 편이에요. ("예.") 그런데 마음속에……. 그러니까 남들은 속이 뭐, 가슴이 우울하거나 못 느껴, 밝은 편이고 인사 잘하고, 말도 그냥 상냥하게 잘하고. 그리고 저 사람은 무슨 우울증이 있을까 몰라, 그저 잘 사는 사람으로 보이고. 포장을 한 거지, 제가.

**상담자:** 그러나 상담사가 보았을 때. 내가 보았을 때는요. 말을 하는 가운데 힘이 떨어져요. 자신감이 결여되고, 그것은 피해의식이 많이 있다는 거예요. 자신감을 회복하기 위해서 즐거운 경험을 많이 하도록 하세요. ("예.") 그리고 아들이 여행 가자고 하면 같이 가세요. 이제 몇 번이나 같이 가겠어요? 그리고 다만 선택을 할 때 아들이 좋아하는 곳, 선생님

이 좋아하는 곳을 맞추어서, 앉아서 아름다운 경치를 보면서, 여행지가 대부분 경치가 좋잖아요. 바닷가면 바닷가, 산이면 산.

**내담자**: 멋있지.

**상담자**: 그러면 바닷가에서 바다를 보면서 바다 멍도 하고, 불꽃놀이를 하면 바라보면서 멍 때리기도 하고 그렇게 즐기면서 편안함을 느끼시면 좋지 않을까요. ("예.") 아들이 날도 덥고 남들이 피서 가니까 우리도 가자, 그러면 가는 거예요. 좋은 곳들 많아요. 그리고 음식을 해 가지 말고, 여행지 가서 음식을 할 것 같으면 뭐 하러 가요. 음식 같은 것 싸 가지고 가는 게 아니고 때에 따라서는 돈을 좀 쓰면 어때요. 눈 한 번 질끈 감고, 이때 아니면 언제 돈을 쓰겠나, 그렇게 생각하시고... 돈을 많이 써 봐야 내 생활에 큰 피해 안 와요. 먹어 봐야, 비싸 봐야 얼마나 비싸겠어요. 그렇게 사고의 전환이 필요로 해요. 지금까지 삶이 힘들어 왔잖아요. 그리고 피해의식과 긴장, 불안이 따라 다니고 두려움도 있고 이런 것들을 떨쳐 내기 위해서 지금까지 살아왔던 방법에서 반대편으로 한번 해 보세요. 놀러 가자고 그러면 그래 좋다. 얼른 가자. 그리고 내 생활 수준에 맞게, 아들이 가자고 그러면 가는 거예요.

(하략)

심리상담 사례 분석의 실제

경청과 지지, 격려, 공감을 하면서 내담자의 마음속에 자리 잡고 있는 걸림에 대해 탐색했다. 내담자는 집에 있으면 답답하고 우울해져서 바쁘게 보내려고 하고 있다. 새로운 것을 함으로써 머리도 쓰게 되고, 사람들과 함께 어울리기 위해 요일마다 에어로빅, 장구, 헬스, 자원봉사 등을 하면서 바쁘게 보내고 있었다. 아들은 심성이 착하고 속이 깊으나 대화를 하다 보면 화를 자주 내게 된다. 특히 텔레비전이나 핸드폰 사용법을 가르쳐 주어도 자주 잊어버리게 된다. 작동에 대해 아들에게 두 번 이상 물어보면 버럭 화를 내기에 답답해도 물어보지 않게 된다. 아들이 화를 내면 불안하고 긴장하게 된다고 했다. 따라서 내담자의 긍정적 변화와 자아존중감을 높이기 위해 과제를 확인하고 내주었다.

◇ **4회기** ◇

부모는 자녀의 올바른 성장과 건강한 사회 구성원으로 양육하기 위해 자신의 경험을 기반으로 더 나은 삶을 살아가도록 이끌어 주는 등대와 같다. 건강한 부모는 따뜻한 사랑과 온정으로 자녀에게 필요한 인정욕구와 애착 형성을 해 준다. 상황에 맞는 훈육과 적절한 통제를 하며, 아이 앞에서는 부모의 갈등 모습을 보이지 않으려 하고, 부정적인 이야기를 하지 않으려고 한다.

그러나 건강하지 않은 부모는 자녀에게 필요한 애착과 인정욕구를 충족시켜 주지 않는다. 또한 자녀가 말을 듣지 않게 되면 체벌 등을 통해 자녀의 자율성을 통제한다. 이와 함께 부모의 갈등 모습을 지속적으로 보이게 되고, 배우자의 부정적인 이야기를 자주 하게 된다. 이러한 상황에 처한 자녀는 자아존중감이 낮고, 피해의식이 생기며, 또래 관계에 부정적 영향을 미치게 된다.

(전략)

**내담자**: 자식에 대해서는 신경 쓰지 마라 하셨으니까 ("예.") 신경을 안 쓰려고 노력은 하는데. 그렇지만 자식 때문에 지금은, 사업은 잘 안되고 있어요. 이렇게 말이 없으니까……. "작년보다 나아요." 그러는데 그거 10년째 속고 있거든요. ("예.") "작년보다 나아요.", "작년보다 나아요." 지금 집을 사야 하는 상황인데 그건 아니거든요. 그렇다면 아직 재미가 없는 거구나, 그냥 혼자만 이야기를 안 하니까.

**상담자**: 그렇죠.

**내담자**: 계속 속고만 있다 보니까 아직 재미는 없는 거구나 이렇게 결정을 내리고, 비만에 대한 것도 신경 쓰지 마라 하니까 ("예.") 이제 마음을 내려놨죠. 그렇지만 내려놓은 게 아닌 거 같아요. 그거는 아닌 거 같아요. 항상 마음에서 걱정이 되는 거는 이미 중증환자인데 저렇게 움직이지 않고 저렇게 노력을 안 하지, 그게 가슴이 답답한 거가, 그게 아주 마음에서.

**상담자**: 그렇죠.

**내담자**: 그거 때문에 마음이 힘들어하는 거 같아요. 저는 내가 이렇게 힘들어하는 거 몰라요.

**상담자**: 그렇죠.

**내담자**: 엄마가 저 때문에 말을 안 하고 사니까, 저 때문에 항상 근심 걱정이 저 때문에 있다는 걸 몰라요. "운동 좀 하면 안 돼?", "헬스 트레이너 붙여서 한번 해라." 그러면 "또 잔소리네.", 한마디만 하면 "잔소리네." 하니까, 똑같은 방식이야, 똑같은 방법으로 돌아가 엄마는 잔소리……. 지 방에 들어가 버리면 그만이니까 대화가 거의 단절되는 거야.

**상담자**: 그렇죠.

**내담자**: 밥 먹자 그러면, "에, 잘 먹었습니다." 꼭 그런 인사는 잘하죠.

**상담자**: 착하네요.

**내담자**: 먹고 싶은 거는 잘 사다 주지 뭐, 에어컨 빵빵 틀라고 그러지, 다른 데는 문제없어요. 다 잘하는데 자기 몸 관리를 안 해서 이렇게……. 나는 다 필요 없거든요. 니가 주는 돈도 싫고, 뭐 먹는 거 잘 사 주는 것도 싫고, 관리만 잘하면 나는 날아갈 것 같은데. 그거 때문에 항상, 암만 뭐 자식인데 잔소리한다고 되나, 지가 노력해야지, 그거 맞거든요.

**상담자**: 그렇죠.

**내담자**: 그렇게 내버려 두니까 나만 혼자 이제 아픈 거죠.

**상담자**: 그렇죠. 음, 선생님 가계도를 그려 볼게요. 지금 선생님은 형제 관계가 어떻게 돼요?

**내담자**: 오빠가 넷인데요. 큰오빠가 돌아가시고, 제가 막내, 최고 막내고.

**상담자**: 그러면 전체 형제가?

내담자: 5남매인데, 외동딸이죠.

상담자: 부모님은 다 돌아가시고요.

내담자: 예, 일찍 돌아가신 편이에요.

상담자: 선생님이 몇 살 때 아버님이 돌아가셨어요?

내담자: 20대 중반쯤.

상담자: 20대 중반쯤, 그러면 어머님도?

내담자: 어머니는 내가 서른, 서른 살 정도쯤.

상담자: 서른 살.

내담자: 예, 그때쯤.

상담자: 서른 살 정도쯤……. 아버님 직업은, 학교 교육은 어디까지?

내담자: 제가 어려서는 잘 모르겠는데, 한문을 많이 아시는 것 같고요. 그때 당시 아주 못 배우신 분은 아닌 것 같고, 어머니도 그런 편인 것 같고, 그래도 동네 분들, 이야기책, 『흥부전』, 『놀부전』, 『춘향전』, 막 이런 이야기들 책이 있었잖아요. ("예.") 어머니가 동네 아주머니들 집에 모셔서 읽어 드리고 그러다가 자기들끼리 훌쩍훌쩍 울기도 하고 그러고……. 아 이 때 본 것 같아요. 가정이 워낙 좋지는 않았어요.

상담자: 예, 아버님은 평상시 돌아가시기 전에 건강은 어떠하셨어요?

내담자: 돌아가시기 전에 건강은 괜찮으신 편이었는데 무능하신 편이죠. 그래도 활동은 어머니가 하신 편이고, 아버지는 워낙 무능하신 데다가, 어느 사이비에 빠지서 가지고 전 재산을 그쪽에 디밀고. 자식이라면 뭐, 공부를 가르치려고 신경도 안 썼고, 아주 뭐 가정에 뭐, 책임감은 아주 없으셨으니까.

　　　　　　　　심리상담 사례 분석의 실제

**상담자**: 그러면 무직이었네요?

**내담자**: 그렇죠. 농사를 많이, 강원도에서 농사를 많이 짓는 편이고. 땅이 많은 모양이에요. 그런데 아버지는 흙을 손에 한 번도 만지지도 않고 사셨대요. 작은 아버지들은 그렇게 열심히 사시는 것 같은데, 원래 사람들은 다 나쁜 사람들은 아닌데 어떻게 사이비에 빠지서 가지고.

**상담자**: 그렇죠.

**내담자**: 예, 사이비에 빠지서 가지고 가정을 돌보지 않고, 살다 보니까 아버지는 항상 없고……. 그런데 이제 나중에 보니까 사이비에 빠지서 가지고, 이제 무능하게 사시다가 일찍 갔고.

**상담자**: 성격은 어떠셨어요?

**내담자**: 아버지는 참 온순하고 착하신 분인데 무능하셔서 그렇지 얌전하시고.

**상담자**: 내성적이셨나요. ("예.") 그러면 어머님 쪽으로 와 보면, 어머니는 농사지으셨나요?

**내담자**: 이제 집도, 땅도 아버지가 이제 또 노름을 하셔 가지고, 집도 빼앗기고 그러셨대요. 그러니까 어머니가 나름 이제 장사도 하시고, 자기 사업도 해 보시고 그러셨는데 아버지로 인해서 알코올중독이 되신 거야. ("아.") 항상 아버지 없이 혼자 자식들을 키워야……. 이렇게 책임지셔야 되는 편인 것 같았어요, 엄마가……. 엄마 이야기 하면 또 울어야 되네……. 안 울고 싶은데. (눈물을 흘린다.) 악에 받치니까 자식을 많이 때렸어요. 자기가 낳아 놓고 자식을 그렇게 잘 때리

는 것도 첨 봤네……. 그런데 초등학교 때, 그때가 아마 4학년 정도 되었을 거예요. 아버지로 인해서 이제 집도 빼앗기고 이제 무능하게 전 재산을 날리고, 그런 사이비 단체에다 재산을 날리고, 그러니까 알거지가 된 거 아냐. 그러니까 혼자 뭐 5일장 이런 데서 행상을 하신다고 열심히 사신다고 하는데, 자식을 풍족하게는 해 주지는 못하고. 남편을 생각하면 참 분하고, 속상하고 자기가 고생하는 거 생각하면 자식들이 밉고……. 근데 그 어린 4학년짜리가 어느 날 마당 한쪽으로 화장실이 있었거든요. 학교 갔다 오니까 엄마가 얼굴 보니까 술을 드신 거 같아요. 그런데 한복을 자주 입고 다니셨는데 한복을 입고 이렇게 화장실에 들어가신 거를 봤는데 안 나오시는 거야, 암만 응가를 하신다고 해도 나오실 때가 됐는데 어린아이가 생각하기에도……. 그래서 문을 열어 보니까, 그 대들보라고 거기에다가 목을 매고 매달려 있더라고요. (눈물을 흘린다.) 근데 그 어린아이가 너무 놀래 가지고. 옆집에 엄마 친구 분이 사셔요. 그래서 그 집에 막 소리를 지르면서 "아줌마, 우리 엄마 죽는다." 하고 소리를 막 지른 거야, 그랬더니 거기서 와 가지고 보니까 사람을 이렇게 번쩍 올리더라고.

**상담자:** 예, 예, 그렇죠.

**내담자:** 그러고서는 어떻게, 그분이 여자인데 무슨 힘으로 그렇게, 엄마가 약간 덩치가 있는 편인데. 무슨 힘으로 그렇게 매달려 있는 사람을, 무슨 힘으로 어떻게 밧줄을 풀었는지 쿵 하

고 떨어지더라고요. 그래서 나는 놀라서 계속 울고 있는 데……. 엄마가 죽은 줄 알고 울었죠. 그렇게 하고 엄마 부르면서, 화장실 안에 있는 거를, 엄마 친구가 어떻게 사람들 불러 가지고 방에 저기 했는데……. 그때 당시에 막 숨넘어가기 직전인 거야. 그런 상황이었던 거 같아요. 눈동자가 시퍼렇게 해 가지고 눈이 검은 눈동자가 새파래 가지고, 막 이렇게 돌아가는 거 나는 처음 봤어, 그 어린아이가……. ("예.") 나는 죽을 때는 그렇게 죽는 거로 알았어요. 눈동자가 그렇게, 다마(구슬)를 굴려 놓으면 이렇게 뻥 돌아가잖아요. 꽃무늬가 이렇게 돌아가면서 가잖아요. 눈동자가 막 그렇게 돌아가더라고요. 그래도 다행히도 그 순간에 죽는 줄 알았더니, 다행히도 안 죽고 좀 더 사신 거예요……. 엄마가 불쌍해서 아무튼 열심히 돈을 벌어야 하는 줄 알았죠. 그래서 지난 그 어렸을 적에는 엄청난 일들이……. 내가 보기에도 엄청난 일들이 많이 생겨 가지고. 그런 걸 철부지가 많이 겪으면서 지냈기 때문에 그런 거는 아예 생각하고 싶지 않고. 그냥 지금까지 그냥 열심히 살아야지만 되는 줄 알고 그냥 살아온 거예요. 그랬더니 시집갔더니, 시어머니도 사이비야, 남편이 무능해. 똑같아, 엄마 팔자하고 똑같은 거야. 나는 술 못 먹을 줄 알았어, 평생……. 안 먹을 줄 알았어. 엄마한테 데어서 나는 술 안 먹을 줄 알았어……. 나는 내가 술 먹는다는 게 너무 신기해요. 호호호.

**상담자:** 그러면 어머님은 장사를 하시고 그러셨네요. ("예.") 성격은

좀 어떠세요?

내담자: 성격이 좀 남성다운 성격이 있어요.

상담자: 외향적이시네요.

내담자: 예, 좀 급하고 급한 편이고 뜻대로 안 되면 사람 잘 때리는 거예요. 새끼들 잘 때리는 거예요.

상담자: 그러면 칭찬은 자주 해 주셨나요?

내담자: 칭찬은 한 번도 안 해 주고.

상담자: 칭찬 인색하고……. 아버님은 칭찬은 자주 해 주셨나요?

내담자: 칭찬은 안 해 주었어도 예뻐해 주셨어요. 무능하시지만 딸을 참 예뻐했어요.

상담자: 그러면 큰오빠 쪽으로 와 볼게요. 큰오빠는?

내담자: 큰오빠는 돌아가셨어요. 아휴, 할 말이 너무 많아, 오빠들은……. 엄마, 아빠는 아무것도 아니야. ("아.") 오늘 다 말 못할 거 같아 너무 엄청나 가지고.

상담자: 오늘 못 하면 다른 날 하면 되죠. 그리고 남편 쪽도.

내담자: 남편 쪽도 너무 엄청나 가지고.

상담자: 편안하게 이야기하시면 돼요. ("예.") 큰오빠는 교육은 어디까지?

내담자: 아마 아버지의 무능함으로 인해서 다 중졸밖에는 안 됐을 거예요.

(하략)

심리상담 사례 분석의 실제

열악한 환경 속에 성장한 내담자는 부모로부터 애착 형성이 결여되어 있었고 인정욕구를 충족하지 못했다. 아버지는 무능력과, 도박, 사이비 종교에 심취해 가정을 돌보지 않았다. 어머니는 생활비를 벌기 위해 장사를 했으며, 삶의 고통을 잊고자 알코올에 의존했고, 자신의 뜻대로 안되면 자녀들에게 체벌을 가했다.

내담자는 초등학교 4학년 때 화장실에서 자살하려던 어머니를 목격했으며, 이러한 어머니의 행동은 내담자의 미해결 과제, 걸림, 트라우마로 남게 되었다. 이후 성인이 되어 결혼을 했는데, 시어머니는 사이비 종교 빠져 있었고, 남편은 경제적 무능으로 가정을 돌보지 않았다. 내담자는 자신의 삶이 친정어머니 팔자와 똑같고, 알코올에 의존하는 것도 같다고 했다.

배우자를 선택하는 것은 나의 부족한 점을 상대 배우자로부터 보완하고자 하는 것이다. 그러나 자원이 부족한 사람들끼리 만나게 되면 일시적으로는 보완관계를 유지하지만, 가진 자원이 떨어지면 서로의 단점을 바라보게 되고 갈등으로 이어져 삶의 질이 낮게 된다.


◇ **5회기** ◇


시간은 과거와 현재 그리고 미래와 연결되어 있으며, 개 시간 일상생활의 경험과 맞물려 현재에 영향을 미치게 된다. 상담자는 내담자의 긍정적 변화와 치유를 위해 현재의 갈등과 과거의 미해결 과제와의 연관을 찾아보려고 한다. 이는 상담 과정에서 현재의 갈등요인이 무의식에 자리 잡고 있는 걸림의 핵심 인자와의 관계를 찾게 해 준다. 이를 통해 상담자는 내담자의 심리상태를 파악하고 상담 내용의 구조화를 통해 내담자의 틀에 자리 잡고 있는 어두운 그림자가 현재의 삶에 부정적 영향을 미치지 못하도록 조력한다.

(전략)

**내담자**: 아들에게 맞춰서 휴가를 가려면 가는데 이런 게 있더라고요. 옛날에 낚시터 운영을 했었거든요. ("아.") 낚시터 운영했고 거기에서 횟집을 운영해야 하니까 횟집을 운영했고, 낚시터에 뭐 또 떡밥이든지 도구들도 팔아야 되니까 매점이 있었고, 광범위하긴 했었는데. 아저씨가, 이놈의 아저씨가 자기가 손수 이렇게 입어료도 손수 자기가 걷고 해야 하는데, 종업원을 꼭 붙여놓고 자기는 한쪽에 가서 그냥 낚시나 하고, 자기만 혼자 이렇게 즐기고 있고. 이 사람은, 또 직원은 또 1인당 2만 원짜리를, 그거를 뒤에서 5장만 떼면 10만 원 버리는 거잖아요.

**상담자**: 그렇죠.

**내담자**: 토요일, 일요일, 사람들이 많이 들어올 때는 이 사람이 10장을 떼면 20만 원 잃어버리는 거잖아요. 하필 또 그런 사람인 거예요. 낚시터에서 적자를 보고 있고 계속……. 그리고 또 그 밑에 제가 거기서 횟집을 운영을 했을 때는 거기서 몇 푼이라도 버는 것은, 고기 사 대느라고 거기로 다 들

어가고……. 그래도 적자 운영을 하는 거에요. 계속하더라고요. 그랬을 때 그때……. 정신적으로……. 그 꽃이 피면 산속에 얼마나 아름답겠어요.

**상담자:** 그렇죠.

**내담자:** 계곡인데, 계곡 물이 흘러서 저수지가 되고 농경지에 물도 대 주고, 그러는 역할을 하는데 그렇게 아름다운데, 봄이면 얼마나 멋있겠어요.

**상담자:** 그렇죠.

**내담자:** 꽃은 만발하지, 진짜 그렇게 멋있는 데가 어디 있어……. 그런데 사람의 마음이 즐거워야 그 꽃이 예쁘고 배경도 멋있는 거야. 그때가 배경이 아름다울 때 그 꽃만 봐도 슬퍼지는 거. 벌써 그때 이미 나는 거기서, 이미 애기 아빠가 운영을 잘못하는 것도 있고 거기다가 또 그냥 책임감도 없고. 돈은 이미 다 들어가 있고, 돈은 여기서 막 있는 돈 갖다가 끌어다가 쓰고. 이미 집 한 채는 갖고 들어간 거, 그거 인수받을 때 집 한 채 내고 인수받은 건데. 그때부터 계속 고기 사야지, 뭐 사야지. 다 그 있는 돈 다 쓰고도 없어 가지고 또 담보대출 받아서 들어가고. 막 아주 개판으로 운영하는 거야, 그래서 그때 그런 걸 느꼈어요. 이렇게 아름다운데 저게 저렇게 슬프게 보일까…….

**상담자:** 그렇죠.

**내담자:** 마음은 혹사당하지, 육체적으로 혹사당하지, 그리고 그 시퍼런 저수지 물을 봤을 때 내가 수영을 할 줄 몰랐으면 거기

뛰어들었을지도 몰라. 분하니까. 그런데 저기 들어가려고 해
도 수영을 조금 내가 하니까 죽지 못하잖아요. 호호호.

상담자: 하하하. 맞아요.

내담자: 그때 그런 생각을 했어요. 그런데 가끔씩 이제 친정의 사촌
언니들하고 여행을 가기는 가잖아요. 가다 보면 얼마나 멋있
어. 박사님 말씀 따라 자연이 그렇게 멋있을 수가 없지, 진
짜 멋있다. 그런데 아직도 멋있다, 이런 감정이 아직은…….
그때 그 낚시터에서처럼 맺힌 게 아직도 그게 조금 있어 가
지고, '아우, 진짜 멋있다. 꽃이 활짝 피었는데 진짜 멋있다.'
라는 감정을 못 느끼는지 아직도 약간 그런 게 있어요.

상담자: 그렇죠. 어두운 그림자가 마음속에 있다 보니까 주변 환경
을 있는 그대로 보기가 어려운 거예요. 따라서 아들하고, 아
들도 여행을 자꾸 이야기하니까. 그러면 선생님이 아들이 낚
시터로 가자고 하면, "사실 나 낚시터에 대한 상처가 있어.
그렇기 때문에 낚시터 생각하면 어두운 생각들이 계속 올라
오니까 그쪽으로는 가고 싶지 않다."라고 이야기를 해요. 관
광지에서 볼거리 정말 많거든요. 섬 같은데 쭉 돌아보면서.

내담자: 저는 그런 거 좋아해요.

상담자: 그러니까요.

내담자: 이렇게 아주 여행이라고 하면, 제주도도 좋고 ("예.") 울릉도
도 좋고. 가려면 좋은 데 가서, 며칠 민박집 얻어 가지고 그
냥 며칠, 원 없이 그냥 보름이고 한 달이고 그곳에서. 바닷
가에 조개도 줍는 것도 좋아하고, 차라리 그런 거라면 좋은

데……. 급하게 갔다가 급하게 오고, 차는 밀리지, 오면서 거기서 시간을 다 투자하지. 강원도 이쪽으로 가려면……. 저쪽 신안 쪽으로는 몇 번 갔다 왔거든요. 사촌 언니들이랑 형부들이랑 제부들이랑 온 가족이 가는데 꼭 저를 빼지 않고 데리고 다녔거든요. 그래서 여행도 하기는 했어요. ("예.") 그런데 가는 데 그냥 7시간, 오는데 7시간 막 그리고, 가서 2박 3일 자고 오는 거. 바닷가라고 가 봐야 더 뜨거우니까 나가지도 못하고, 펜션 안에서 놀다오는 거 그러니까 똑같은 현상 낚시터가도 그렇고…….

상담자: 스케줄에 따라 움직여야죠. 오늘은 여기 가서 구경하고, 내일은 저기 가고 그런 프로그램을 정하고 따라가야죠. 프로그램도 같이 정하고.

내담자: 그러기는 해요. 펜션에 있지 않고 사촌 동생이 운전을 해 가지고, 누나들을 차에 태워 가지고, 이제 그 고장에 무슨 유적지라든지.

상담자: 에, 에, 그렇죠.

내담자: 차 타고 다니면서 설명도 해 주고 그러기는 해요. 그러기는 하는데. 섬에 들어가면 조개도 주워 보고, 섬에서 분위기를 느끼고 와야 되는데 그러지는 못하고. 이제 차로다가 돌고 아니면 펜션에 있어야 되고, 날이 뜨거우니까. 주로 그렇게 하다가 오고 그랬는데, 아들은 주로 낚시터를……. 낚시터를 가는 거는 나는 원하지는 않거든요. 그런데 아들은 또 그래서 속으로 내가 걱정이 되는 거야. 지 아빠가 낚시터 운

영을 하다가 폭삭 그렇게 해 먹었으면, 아들 같으면……. 나 같으면 낚시터에는 안 갈 텐데……. 저도 마음이 속상할 텐데, 애는 감각이 없나 봐, 거기를 가더라고요……. 그래서 아직까지는 생각해 보겠습니다. 여행에 대해서는.

**상담자**: 그렇죠.

**내담자**: 네가 원하는 쪽으로 가면……. 낚시터이니까, 그게 좀 그래서……. 그렇지 않다면 대화를 해서 장어도 먹고, 회도 먹고, 갔다 오자………. 상의를 해 볼게요.

**상담자**: 에, 에, 그래서 봄, 여름, 가을, 겨울 그렇게 다니세요. ("예.") 얼마나 아름다운데요, 우리나라가.

**내담자**: 맞아요. 아름다운데 제가 아름다운 거를 못 느꼈을 뿐이지, 그래도 가 볼 만한 데는 다 갔어요. 울릉도도 가봤고, 제주도도 가 봤고, 가 볼 데는 다 가 보았어요.

**상담자**: 흑산도, 홍도도 가 보았고요?

**내담자**: 흑산도도 가 보고, 홍도는 안 갔던 것 같아요.

**상담자**: 참 좋아요. 아무튼 그렇게 계속 다니세요.


무의식은 시간과 공간의 구분이 없이 연결되어 있으며, 과거의 어두운 그림자와 현재의 유발인자에 의해 심리적·정서적·정신적 혼란을 가져오며, 현재의 삶에 부정적 영향을 미치게 된다. 상담자는 내담자의 핵심 문제의 탐색을 위해 지속적 노력을 해야 하며, 내담자의 방어기제에 대해 주의를 기울여야 한다. 방어기제란 외부의 상황에 대해 무의식적으로 자신을 보호하려는 행동으로서 긍정적 방어기제와 부정적

심리상담 사례 분석의 실제

방어기제가 있다.

내담자는 낚시터에 대한 트라우마가 있는데 아들은 내담자의 생각과는 관계없이 자신이 원하는 낚시터로 가고자 하며, 이로 인해 아들과의 휴가나 여행을 무의식적으로 거부하게 된다.

(중략)

**상담자**: 궁금하거나 질문이 있으신가요?

**내담자**: 궁금한 것은 없고요. 제 문제니까 이제. 히히. 이렇게 박사님 좋은 말씀 해 주셔서 감사하고, 그리고 문제는 제가 그동안은 과하게 술, 담배를……. 사실은 이게 저한테 잘못이 있다는 거는, 그거 두 가지를 끊지를 못하고 있다는 거. ("아.") 제 의지가 아직은 제대로 안 되는 거, 끊어야 된다는 거는 알고 있는데. ("예.") 이거는 끊어야 된다. 그런데 집에 들어가면 하게 되더라고요. 밖에 나오면 절대 안 해, 생각도 안 나, 그런데 들어가면 줄담배고 술을 마셔야 되고, 그러더라고요. 아직 습관이 그래서 인제, 그거는 끊어야 된다는 것은 알고는 있어요. 그게 아직은 제 의지대로는 잘 안 되는 편인데, 그래서 인제 그것도 노력을 할 예정이에요.

**상담자**: 동기부여가 있어야 그것을 끊게 돼요. 특히 담배는 건강에 해롭잖아요. 그래서 국가에서도 담배 피우는 공간을 자꾸 줄이는 것도…….

**내담자**: 맞아요.

**상담자:** 그런 부분이에요. 그리고 선생님은 동기부여를 하면서, 담배는……. 작은 식당을 해 보고 싶다고 하셨잖아요. 음식을 만들면서 담배를 피우면 음식 맛도…….

**내담자:** 안 되지.

**상담자:** 보기가 어려우니까, 식당을 위해서 끊어야 되겠다. 그런 동기부여를 하시고.

**내담자:** 끊으려고는 마음을 먹고는 있어요. 그런데 그게 혼자 있을 때에는 세 번은 끊었거든요. ("예.") 자식하고 살면서 부딪치는 바람에 괴로움을 어떻게 할 방법이 없어서, 또 욱하는 바람에……. 저기 가서 떨어지는 것보다 담배 피우는 것이 낫겠다는……. 죽는 거보다 담배 피우는 것이 낫겠다는.

**상담자:** 그렇죠. 예, 예.

**내담자:** 그때는 너무 힘이 들어서, 그래서 하게 되었어요.

**상담자:** 그때는 그때고 지금은 지금이잖아요. 그리고 이제 식당도 구상하고 계시고. 그렇게 하려면 우선 내가 건강해야 되잖아요. 그러면 술도 좀 줄이시고, 담배는 끊으시고. ("예.") 담배를 끊을 때……. 저도 담배를 끊었어요. 아주 오래전에. 벌써 20년이 넘었죠. 담배를 끊은 지가……. 한 20여 년 동안 피웠고. 그런데 끊게 된 동기가, 내가 가족상담사 자격증 취득하는 과정 중에 약물치료 시간이 있었어요. 그런데 가르치는 교수님이 "약물치료 시간에 약물에 젖어 있으면 되겠는가?" 하는 거예요……. 쉬는 시간에, 일주일마다 목요일에 두 시간 교육을 하는데, 한 시간 교육하고 10분 쉬는 시간에 담배를

피우고 올라오는데, 담배가 냄새가 나잖아요.

**내담자**: 그렇죠.

**상담자**: 그러다 보니까, 교수님이 말을 하려고 생각하고 있다가, 그때 이야기를 하는 거예요. 그러면서 "약물치료 시간에, 상담을 하는 사람이 약물에 젖어 있으면 되겠는가?" 그래서 내가 촉이 빠르잖아요. ("예.") "끊겠습니다.", "언제부터?", "한 달 뒤부터요.", "아니." 그렇게 계속 줄어 가지고 "지금부터요." 하니까 끄덕끄덕 하시더니 수업을 계속하셨어요. 수업 끝나고 내려와서 담배가 7개비 정도 있는 거 잘라서 버리고, 그다음부터 안 피우게 되는데 한 시간에 한 번씩 피우다가 한 시간이 지나니까 피우고 싶어요. 그때는 계속 물을 마시면서 이리저리 왔다 갔다 하면서 그리고 사탕 같은 걸 먹기도 하고, 뛰기도 하고 그러면서. 처음에는 3일 버티기가 힘이 들어요. 그리고 한 달 버티기가 힘들고, 3개월, 6개월 지나니까 그다음부터 담배 생각이 없게 돼요.

**내담자**: 맞아요.

**상담자**: 그리고 나서 옆에, 담배 피는 사람 옆에 있으면 담배 냄새가 싫은 거예요.

**내담자**: 제가 담배 끊었을 때 그랬어요. 담배 냄새가 싫더라고요. 그랬는데 그렇게까지 끊어 놓고…….

**상담자**: 그렇죠.

**내담자**: 자식하고 같이 살면서 이제……. 자식도 이제 버럭하는 성질이 있어요. 성격이 그래서 자식한테 실컷 혼나고 나면.

상담자: 그렇죠. 속상하죠.

내담자: 말로는 내가 저, 목소리도 나보다 더 크고, 막 다다다 하면 제가 정신이 없어. 너무 분하면 '아이, 이거 진짜, 저거 엄마가 높은 데서 떨어져 봐야 정신 차리나.' 이러고 막 그런 생각까지 가. 그러다 어느 틈에 싸우고 나서 이제 높은 데서 떨어지면……. 무서워서 못 떨어지는 거지. 그래서 벌써 높은 데 가 보기도 했어, 무서워서 떨어질 수가 있어야지. 그래서 다시 내려와 가지고, 농약 사러 간다고 황천동(가명) 그 저기, 화원 꽃 파는 시장, 꽃시장 거기 농약 산다고 거기를 가는 거야, 가는 데 화가 풀린 거야. 히히히. 그러다가 도로 왔어요. 그래 내가 없어지면 새끼는 어떻게 하라고, 또 가면서 그 생각이 바뀌는 거야, 그렇게 그래서 도로 온 거야. ("예.") 그러다 보니까 안 되더라고요. 그런데 진짜 분할 때 높은 데서 떨어지는 것보다 담배 피우는 게 낫겠지……. 이게 해소가 안 되니까 그 분한 마음에 다시, 모르겠다. 그러고 사러 간 거예요. 몇 년 끊어 놓고도……. 사러 간 거야. 그리고 한 거야. 그리고 한번 했다 하면 계속 하게 되더라고요.

상담자: 그렇죠. 담배 니코틴이, 인이 박여서 그럴 거예요. 그러면 한번 끊어 보았으니까 다시 끊을 확률이 굉장히 높아요. 그래서 이번에는 동기가 중요해요. 식당을 해야 되겠다고……. 하든 안 하든 그것이 중요한 게 아니에요. 이거를 내가 해야 되는데……. 식당을 하는 사람이 담배를 피고 있으면 음식 맛 보는 데에도 지장이 있고, 여러 가지 주변 사람 보는

이목도 있고. 그래서 이거를 끊어야 되겠다. 이런 절박한 심
정으로 해 보세요.

내담자: 노력해 보겠습니다.

상담자: 그러면 과제로 담배 끊기 시도하기, ("예.") 그리고 술도 줄이
기. ("예.")

(하략)

내담자는 지나온 삶을 되돌아보면서 삶의 중심에 자리 잡고 있었던
남편과의 어두운 그림자 그리고 아들과의 생활에서 일어나는 부정적
경험으로 인한 불편함에 대해서 이야기했다. 내담자는 담배와 알코올
에 의존하는 자신의 행동에 대한 합리화와 방어기제가 활성화되어 있
으며, 자신이 만든 틀에 갇혀 스스로를 옥죄고 있다.

필자는 과거의 틀에서 벗어나지 못하고 어려움을 겪고 있는 내담자
를 현재와 미래로 이끌어 내고자 했다. 상담자의 적절한 자기개방은
내담자의 긍정적 변화와 치유에 도움이 된다. 따라서 금연에 대한 상
담자의 경험을 이야기했으며, 내담자의 동기부여와 욕구강화형성을 위
해 조력했다.

## ◇ 6회기 ◇

과제 부여는 상담에서 활용하는 기법의 일환으로서, 내담자의 복리

에 도움이 되어야 한다. 이러한 과제는 정해진 것이 아니라 창의적인 것으로서 필요에 따라 내담자의 상황에 맞는 적절한 과제를 부여해야 한다. 상담자는 내담자의 동의하에 구체적 행동과제를 정하고 수행하도록 한다. 과제 부여 후 상담자는 차기 상담 때 과제 이행 여부를 확인해야 한다. 과제를 하면서 어떠한 느낌과 기분 또는 경험을 했는지 물어본다. 이 과정에서 내담자의 생각과 행동양상이 나타난다.

즉, 상담에서 과제 부여를 하는 이유는 상담실 밖에서 일어나는 일상행동과 연결되어 있기 때문이다. 내담자는 상담실 밖에서 과제를 이행하면서 성취감을 느끼게 되고, 긍정적 변화를 체감하기도 한다.

(전략)

**상담자**: 어떻게, 지난 한 주 잘 지내셨어요? ("에.") 오늘은 표정이 밝으시네요. ("에.") 좋은 일 있으셨어요?

**내담자**: 그냥 뭐, 매일 그냥 뭐, 활동을 많이 하려고 애를 쓰죠.

**상담자**: 그렇죠. 음, 이번 주에는 어떤 활동을 하셨어요?

**내담자**: 하던 활동은 꾸준히 해 왔고요. 친구한테 갔다 왔고, 그리고 뭐 아침 운동 하던 거 하고 장구 수업 있고, 또 수요 밥상에서 또 모여서 같이 먹고.

**상담자**: 아, 수요 밥상, 그렇죠.

**내담자**: 그리고 또 뭐지. 히히히. 맨날 하는 게 그거예요.

**상담자**: 잘하고 계세요.

**내담자**: 다람쥐 쳇바퀴 돌듯이 그래요.

**상담자**: 예, 예, 큰 변화 없이 안정적으로 일주일이 돌아간다는 것이, 아주 잘 살고 계신 거에요.

**내담자**: 감사합니다. 히히히.

**상담자**: 요즘 아들하고는 좀 어때요?

**내담자**: 그냥 서로가 뭐 안 좋고 그런 건 없고, 그냥 저는 저대로 나는 나대로 각자 할 일 하고, 혹시나 집에 있으면 더운데 에어컨 틀어 놓고 있어라, 엄마한테 그런 거……. 선풍기 틀지 말고, 너무 더우니까 에어컨 틀라고 하고, 하는 건 잘해요. 항상 뭐.

**상담자**: 효자네요.

**내담자**: 효자는 효자인데……. 만약에 사업을 안 했었다면 집을 살 수 있었던 상황인데. 사업을 하면서 IMF, 아니, 아니, 거 뭐지. 코로나 이런 거, 저런 거 막 겹치면서 손해도 보고, 그러다 보니까 이제.

**상담자**: 그렇죠.

**내담자**: 막막했었던 그것을 이제야 마음을 추스르고 어차피 안 된 거, 어차피 안 된 거 마음을 추스르려고 하고 있고. 또 그렇다고 해서 아들이 놀고 있는 거는 아니고, 하려고는 하다가 안 되는 거는 어쩔 수 없는 상황이고.

**상담자**: 그럼요.

**내담자**: 그래서 그냥 마음을 털고 아들을 이해를 하고 그러고, 근데 저도 또 뭐 하려고는 애를 쓰는 상황이니까……. 억지로 안 되는 거 뭐 그거 같고 뭐, 또 그냥 뭐 한탄하고 그러면 서로

피곤한 거니까. 그렇게 뭐 신경 안 쓰려고 노력하고 있어요.

**상담자**: 음, 그렇죠. 그래도 잘 지내시는 것 같아요. ("예.") 가능하면 지난 일은 다 내려놓으시고, 잊으시고 현재와 앞으로의 삶으로 방향을 이끌어 가면 더 좋지 않겠나 생각해요. ("예.") 지난 일에 대해서 계속 어두운 생각들이 계속 올라오면 굉장히 삶의 질이 떨어져요.

**내담자**: 맞아요.

**상담자**: 그래서 과거보다 현재, 미래가 더 중요하잖아요.

**내담자**: 예…….

(중략)

**상담자**: 지난 상담 이후 자주 떠오르거나 마음을 무겁게 하는 그런 일들이 있었나요?

**내담자**: 그런 거는 없었어요. 그냥, 내가 그냥 정신적인 치유가 좀 된 것 같다. 이렇게 박사님이 열심히 이렇게 말도 들어 주시고, 또 좋은 말씀 해 주시고. 아무래도 저한테는 정신적 치유가 되지 않을까. 뭐, 더 나쁜 일은 없었어요. ("예.") 그냥 마음이 넓어진다고 그럴까, 근심 걱정을 덜었다고 그럴까, 편안해졌다고 할까, 그런 게 있는 것 같아요.

**상담자**: 그게 마음의 여유가 생겼다는 건데, 그것은 집에만 있지 않고 바쁘게 활동하면서 다른 사람들 하고 대화도 나누고. ("예.") 그들은 어떻게 사나 들어도 보고, 그런 관계 속에서 조

금씩, 조금씩 밝아지는 것이 아닌가, ("에.") 그렇게 생각해요.

**내담자**: 에, 오늘은 에어로빅 선생님이, 그분이 여러 곳을 여섯, 일곱 군데를 하나 봐. 그러니까 50대 초반 정도 되었을 텐데, 딸이 셋이나 있으니까, 가르치고 그런 입장인데. 보기에는 음악 틀고 이렇게 체조를 가르치지만, 보기에는 스트레스가 없을 거라 생각하지만. 여섯 군데, 일곱 군데를 뛰는 것을 생각하면 엄청 힘들겠구나…….

**상담자**: 그렇죠.

**내담자**: 그런 생각이 들어서, 너무 존경스럽더라고요. 그래서 아침마다 가는 공원에서, 거기는 무료거든요. 밖에서 하는 운동이라. 그래서 그 선생이 존경스럽더라고요. 그래서 그 집이 다섯 식구라 해서 삼계탕을 새벽같이, 누구를 위해서 처음으로 다섯 개를 끓여 가지고 한 개, 한 개 포장을 해서 김치, 깍두기 담아서 아침에 주었어……. 저로 인해서 그 가정이 아침에 맛있게 잘 먹었을 것이다. 그렇게 생각하고 나면, 내가 마음이 뿌듯한 게 있어……. ("에.") 에어로빅 선생님한테 "내가 너무 호강한다."라고 문자가 왔고, 그렇게 한 가정이 내가 해 준 음식을 먹고 저렇게 좀 행복해하니, 그냥 그걸로 또 저 나름대로 뿌듯하고 그런 게 있더라고요.

**상담자**: 그렇죠. 하하하.

**내담자**: 오늘같이 더운 날.

**상담자**: 그렇죠. 참고로 저는 닭을 못 먹어요.

**내담자**: 호호호. 어떡해.

**상담자**: 저한테 가져오실까 봐 ("호호호.") 걱정돼 가지고.

**내담자**: 호호호. 아니, 그 생각도 사실은 했거든요. 식사를 여기서 하실까 나가서 하실까, 뭐 좋아하실까 그런 생각도 하기는 했었어요. 마지막 날 뭐를 해다 드릴까 그런 생각을 하긴 했었어요.

**상담자**: 사람들이 상담 끝날 때쯤, 음식 같은 거 가져오고 그래요. ("예.") 여기서 상담을 하다 보면 먹는 것이 불편하잖아요. 그래서 안 가져오시는 것이 ("호호호.") 저를 도와주는 거예요. 어떤 분들은 상담 끝나고 나서 고맙다고 이런 거, 저런 거 가지고 오시는데. 가져오시지 말라고 그래도 가져오시고 그래요. 그러면 가져오시지 말라고 그래요. 저는 고기 종류는 안 좋아해요. 저의 어머니가 채식주의자여서인지, 항상 채소만 먹어서인지, 고기 같은 걸 별로 안 좋아해서. ("예.") 특히 닭고기는 제가.

**내담자**: 말씀 잘해 주셨네. ("예.") 말씀 잘해 주셨어.

**상담자**: 어떤 분들은 가지고 오세요. 음식 같은 거를.

**내담자**: 그 생각을 저도 사실은 했었거든요. 그런데 이 안에서 드실 것인지, 안 드실 것인지 ("예.") 나가서서, 일행하고 나가서 드실 것인지 잘 모르니까 어려워서 여쭈어 보지도 못하겠고, 마지막 날 뭘 드리고 가야 될까 그런 생각은 하고 있어요.

**상담자**: 전혀 그런 생각 하지 마시고요. 따뜻한 마음만 가지고 오시면 돼요.

**내담자**: 호호호. 알겠습니다.

**상담자**: 그래도 선생님이 나름대로 잘 지내셨고 그리고 에어로빅 선생님에게 닭 다섯 마리를 잘 끊어서 드렸다고 하니까, 드리는 선생님도 기쁘고, 받는 선생님도 기쁘고 그러지 않을까 생각돼요.

**내담자**: 너무나 이 더위에, 물론 이제 실내에서 체조를 하는 데도 있고 밖에서 하는 체조도 있는데 어떻든지 간에 그 음악 틀어 놓고 뛰면서 가르쳐야 한다는 것은 이거를 여섯 군데, 일곱 군데……. 보통 대단한 게 아닙니다. 너무 존경스럽고, 이제 걱정되더라고요. 저러다가 탈이 나면, 무리해서 쓰러지지 않을까 그런 생각이 우연히 들고, 예전에 제가 열심히 살았던 생각도 나고, 저분은 재미있는 거 같지만, 저분은 저 나름대로는 힘든 직업이거든요.

**상담자**: 그럼요.

**내담자**: 그래서 그 생각을 하니까 이렇게 더운 여름에 저렇게 하다가는 잘못하면 병이 오지 않을까.

**상담자**: 그렇죠.

**내담자**: 이런 생각이 들더라고요. 그래서 해 주고 싶었어요.

**상담자**: 선생님의 따뜻한 정을 에어로빅 선생님도 잘 느끼지 않으셨을까 그렇게 생각해요. 닭개장은 어떻게 진행돼요?

**내담자**: 저는 친구가 옆에 있고, 진짜 급한 사람이라서, 친구야 그래 우리 둘이 한번 해 보자, 이렇게 나오면 같이 해 볼 의향은 있는데. 혼자서 이 나이에 혼자서 뭘 한다고 생각을 하니까, 사실 조금 용기가 필요한 거 같아요. 두려운 거죠. 혼자 뭘

해 보려니까. 누군가가 있어서, 에라 까짓 거 뭐 그렇다고 밑천 크게 드는 것도 아니고.

상담자: 그렇죠.

내담자: 옆에 누군가가 같이 할 사람이 있으면 하고는 싶은데, 혼자 하려니까 이제 아들은 반대하고.

상담자: 아, 아들이 반대해요?

내담자: 엄마가 힘들게 하는 것은 딱 질색이거든요. 힘들게 사는 거는 그건 질색을 해요. 그런 이런 알바나 뭐, 정 심심해서 안에 혼자 있는 시간이 길면 엄마 우울증 올까 봐. 두세 시간 뭐 장구 수업 받고, 뭐 에어로빅도 하고 수요 밥상 나가서 밥도 같이 먹고. 또 당번이 돌아오면 하고, 이렇게 하는 것은 좋게 생각하는데. 이제는 고생을 많이 심하게 하는 거, 이런 거는 아예 못 하게 해요. 저는 사실 아들이 지금 사업을 하고 있는데 마음은 불안한 상태거든요. 만약에 아들이 돈을 잘 못 벌면 저라도 뭔가 해야 되지 않을까 이런 생각이 들어서. 그래서 자식한테 짐이 안 되고 싶고, 아직은 움직일 만하니까 제가 뭐 솔선수범해서 뭐를 좀 해서 수입을 좀 가져볼까, 그런 생각인데. 혼자서 그 사업을 하려니까 두렵고 누가 또 선뜻 또 같이 할 사람은 없고. 저도 사실은 같이 동업하는 거는 아니라고 생각하거든요. 하다가 마음 틀어지면 그래서 혼자 하는 게 맞거든요. 요즘 경기도 안 좋고 용기가 첫째……. 그래서 답을 못 하고 있어요. 결정을 못 하고 있어요. 그런데 내일 종합복지회에서 등록한대서……. 작년에 한

번 문의를 한 적이 있었어요. 노인 일자리 있을까 하고. 그때는 다들 접수를 하고 간 상태에서 자리가 없다고, "아마 내년에는 생길 거예요." 그랬는데, 어디가 한 군데 비었는지 엊그제 연락이 왔어요. 이번 금요일 날 와 보시라고, 그래서 아동 뭐 저기라는데 가 보아야 알 것 같아요.

**상담자**: 그렇죠.

**내담자**: 그래서 내일 면접 간다고 10시까지 오라고 허서 할 수 없어서, 하루 빨리 오늘 상담을 받게 된 거예요.

**상담자**: 잘하셨어요.

**내담자**: 근데, 이제 시간이 어떻게 될지 이제 지금 뭐 장구 하니, 에어로빅 하니, 수요 밥상이다 한 번씩 나가는데. 그걸 하게 되면 시간이 안 맞으면 다른 걸 포기해야 하고, 그런 또 일단은 수입원이 저한테는 없으니까 다만 몇 푼이라도.

**상담자**: 그렇죠.

**내담자**: 그래서 내일 거기를 가 보려고요.

**상담자**: 오라는 곳이 있으면 당연히 가 보아야죠. 그래서 선생님이 가서 보고 이것이 나한테 도움이 되겠다, 안 되겠다는 건 이야기 들어 보면 알잖아요. 그래서 좋다고 생각하면 얼른 잡으세요. ("예.") 다만 너무 무리한 일은 피하시고요.

**내담자**: 세 시간짜리니까 제가 시간 때우기는 좋은 거예요. 아침에 운동도 할 수 있는 거고, 장구 수업하고 겹칠 것 같아 시간이……. 그러면 장구 수업이, 선생님이 이름도 있으신 분인데 어른이세요. 80대 중반 정도 되셨는데, 젊어서 한참 유

명하셨는데. 너무 열심히 가르쳐 주시려고 애쓰시고, 그분
도 또 존경스럽고 그래요. 그리고 머리에 쏙쏙 들어오게 재
미있게 잘 가르쳐 주세요. 이것도 재미있는데 이걸 포기할
지도 모르고……. 그래도 돈 벌어야죠.

**상담자**: 선생님이 들어 보고 마음이 더 움직이는 쪽으로 행동을 하
면 후회가 덜해요. ("예.") 내가 선택했기 때문에.

**내담자**: 예, 그렇죠.

**상담자**: 그리고 가능하면 즐겁게 사세요. ("예.") 그리고 계속 활동을
해야 돼요. 오늘은 무엇을 할까 계획적으로……. 그렇지 않
고 혼자 움직이지 않고 있으면.

**내담자**: 너무 오랜 시간을 혼자서 그렇게 있어 가지고 알코올과 흡
연과 그런 거 하고 이렇게 의지를 많이 했던 거 같아요. 아
들 사업 때문에 행복동(가명)으로 이사를 와 가지고 아는
사람도 없지, 앞집 뒷집도 모르지. 또 제 또래가 노는 사람
도 없지. 또 취직이 잘되는 것도 아니지. 그러니까 누구네
집도 뭐 대상이 있어야 가서 같이 이야기도 하고 오고 그러
지. 그런 데도 마땅치 않고……. 움직이기 시작한 것은 작년
부터 여러 군데 다니게 됐는데, 그동안에 마음고생을 많이
했던 거 같아요. 너무 낯선 곳에 와 가지고 아는 사람도 없
지, 아들은 아침에 나갔다가 저녁에 오지, 말이 퉁명스럽고
그러면 말다툼까지 하고 그랬었어요. 그런데 이제 안 되겠
다. 내가 필요하다는데 복지회 들어가서 봉사도 좀 하고 또
일을 주시면 일도 좀 하고. 그래서 작년부터 이제 앞집, 뒷

집도 알게 되고, 그래서 겨우 마음 추스린 지는 얼마 안 된 거 같아요.

**상담자:** 이제 좋은 일들이 많이 다가오게 될 거예요.

**내담자:** 감사합니다.

**상담자:** 요즘도 알코올하고 흡연도 하시고요?

**내담자:** 하는 편인데요. 이제 어저께 처음 안 먹었어요. 항상 조금이라도 먹었었는데……. 그래서 아들이 어제 "맥주라도 사 갈까요?" 그랬는데, "더운데 시원하게 맥주 하나 사 갈까요?" 그랬는데. "아니, 술 사오지 말아라. 이제 술 안 먹어 볼게." 그렇게 마음을 먹고 있어요. 마음을 먹고 있고 담배도 습관적으로 하는 거 같아서, 그걸 아들한테 뭐 그 뭐지 용기에다 꽂아 가지고 피우는 거……. 담배를 끊을 수 있는.

**상담자:** 전자담배.

**내담자:** 전자담배, 전자담배를. 끊을 수 있다면 끊을 수 있는 걸로. 니코틴이 냄새가 독하잖아요. 맨날 자주 씻어야 하잖아요. 나가려면 씻어야 하고 그래서 그거를 아들한테 바꿔 달라고 해서……. 이거는 마음에 안 드는 거예요. 그런데도 이거는 14초만 피우게 되어 있더라고요. 그냥 담배는 1분, 2분도 할 수 있는 거잖아요. 담배가 떨어졌는데 안 사고 있어요.

**상담자:** 잘하고 있어요.

**내담자:** 필터로, 그 필터는 14초밖에 못 하더라고요. 그래서 요렇게 바꿔 가지고 서서히 끊어 봐야지. 그리고 아들한테 바꿔 달라고 그래서 그걸로 바꿔 놓고 담배는 없어요. 그것도 담

배죠.

**상담자**: 그렇죠.

**내담자**: 그 대신 이거는 14초밖에 안 되니까 몇 모금 저기 해도 되
니까, 그러면서 서서히 끊어 볼까 그런 계획 중에 이제 시도
를 하고 있는 거예요. 될지 안 될지 모르지만.

**상담자**: 잘하고 있어요. 그래도 동기부여가 중요해요. 내가 이거를
끊어야 되겠다. 그리고 취업을 하더라도 자주 담배 피우러
가고 그러면 싫어하잖아요.

**내담자**: 그러니까 마음의 준비를 하는 거거든요.

**상담자**: 잘하고 있어요.

(하략)

내담자는 지난 상담 이후 아들과의 관계에서 간섭보다는 관심을 갖
고 이해하려고 노력하고 있으며, 신경을 쓰지 않고자 노력하고 있다.
가능하면 집에 있지 않고 밖에서 보내려고 하고 있으며, 장구 수업, 헬
스, 에어로빅 등을 하면서 보내고 있다. 수요일에는 수요 밥상 모임에
참여해 사람들과 어울리며, 봉사도 하고 밥도 함께 먹는다고 했다. 또
한 내담자는 상담 회기가 지나면서 근심, 걱정이 줄어들고 마음이 편
해지고, 전경에서 벗어나 배경을 살펴보는 등 정신적 여유가 생기게 되
었다. 알코올과 담배를 줄이기 위해 노력하고 있으며, 특히 오랜 기간
술을 마셨으나 어제는 술을 마신 이후 처음으로 안 먹게 되었다. 이타
심도 생기고 자아존중감이 향상되고 있다. 상담자는 과제를 확인하고

심리상담 사례 분석의 실제

지지, 격려를 했으며, 과제를 내주었다.

## ◇ 7회기 ◇

축어록

## ◇ 8회기 ◇

시간 제한이 있는 단기상담에서 내담자는 종결에 대해 인지하고 있으며, 이는 상담 초기에 종결 회기를 정하기 때문이다. 상담 과정에서 내담자는 상담자의 조력에 의존해 삶을 이끌어 가지만, 종결 이후에는 상담자에게 의존하던 상황에서 벗어나 자주적으로 살아가야 하며, 심리적 분리를 해야 한다. 이를 위해 상담 과정에서 변화된 부분과 보완할 부분에 대해 나누고 지지, 격려와 함께 내담자의 심리적 안정을 위해 향후 어려움이 생기면 언제든지 상담을 받을 수 있다는 이야기를 해 준다. 그러나 내담자의 독립성을 저해하는 분위기를 조성을 하면 안 된다. 심리상담은 항상 내담자의 복리에 초점이 맞추어져 있기 때문이다.

(전략)

내담자: 맨날 사는 게 다 똑같네요.

상담자: 똑같아요. ("예.") 요즘도 장구 치고, ("예.") 에어로빅도 하고 ("예.") 건강에 많이 도움이 되겠어요. ("예.") 표정도 아주 밝아지신 거 같아요.

내담자: 동네에서 사람들이 그래요. ("아.") 사람이 많이 밝아졌다고, 어쩌다 만나는 사람들이 그런 말들을 해요. ("하하하.") 매일 보는 사람들은 모르는데.

상담자: 그렇죠.

내담자: 그리고 또 술을 그동안 안 먹으니까 확실히 좀 정신건강도 맑아지는 것 같기도 하고 도움의 말씀도 또 매주 들러주셔서 또 머릿속에 이렇게 담으면서 실천을 하려고 또 하고 있고 그러니까.

상담자: 그렇죠.

내담자: 그래서 뭐 쓸데없는 고민 같은 거는 많이 털어 내려고 애를 쓰죠, 이제.

상담자: 그렇죠. ("예.") 고민보다 생각을 해요.

내담자: 예, 그렇죠.

상담자: 음, 술을 지금 안 먹고 있다고 했는데, 그러면 지금 얼마나 안 드시고 계신 거예요?

내담자: 오늘까지 딱 보름 된 거 같은데요.

상담자: 이제 그럼 술 생각이 거의 안 나겠네요. ("예.") 이제 완전히 끊을 수…….

내담자: (말을 끊으며) 끊을 수가 있어요. 예, 예.

**상담자:** 속상한 일만 주변에서 안 생긴다면…….

**내담자:** 그런데 이제 부끄러운 이야기인데, 자꾸 당당하게 이야기할 건 아닌데, 담배는 아직.

**상담자:** 그렇죠.

**내담자:** 근데, 이제 전자담배로 바꾸면서 덜 피우기는 하더라고요. 재미가 없으니까, 그렇지만 먼저 하던 거로 바꾸지는 않겠어요. 그냥 이걸로 가면서 줄여 가면서 서서히 끊어야 되지 않을까 생각은 하고 있어요.

**상담자:** 그렇죠. 담배도 그렇지만 우선 술은 의지하던 생각이 줄어든 것 같아요.

**내담자:** 아직 한 방울도 안 먹었어요. 보름 동안에 딱 오늘이 보름이……. 2주 전부터 안 먹었으니까 딱 보름 되는 것 같아요. 됐어요.

**상담자:** 그러면 얼마 동안 드셨던 거예요, 그동안?

**내담자:** 하루도 안 빠지고 먹다시피 했던 거죠.

**상담자:** 언제부터요?

**내담자:** 그건 아마 역사가 깊은데요. ("아.") 아예 습관이 돼 버려 가지고.

**상담자:** 그렇죠.

**내담자:** 시간을 기다려요. 그 술 먹는 시간을……. 어떤 때는 12시 되는 때를 기다려요. 아침에 오전부터 먹는 거는. 마음에서는, 그건 아니라고 생각했는데, 12시라도 되어야 먹지.

**상담자:** 낮 12시요.

**내담자:** 예, 12시라도 되어야 먹지, 그러고 있는 거예요. 아무도 없고 이제 혼자 있을 때에는 그러더라고요. 그래서…….

**상담자:** 그러면 한 30년 정도 된 거예요?

**내담자:** 그러네요. 근데 이제 중간중간 안 먹을 때도 있었지만, 여기 행복동(가명)으로 이사 오고부터는 거의 1년 365일 먹었다고 생각이 들어요. 근데 이제 그게 습관이지 뭐 그렇게 뭐, 그게 습관인 거 같아요. ("음.") 일부러 시간을 정해 놓고 그 시간을 기다리고…….

**상담자:** 알코올의존증, ("예.") 알코올의존증이라고 그러거든요.

**내담자:** 그리고 또 막 자려고 그럴 때.

**상담자:** 그렇죠.

**내담자:** 그리고 아들이 올 때쯤 깨잖아요. 그때는 멀쩡하게 보이잖아요. 그러면 아들은 또 내가 낮에 술 먹은 줄 모르지, 그러니까 "엄마, 한잔하시겠어요?" 그러지 뭐. 그러면 아들이 뭐 "회라도 한 접시 사 갈까요?" 그러면 안 먹고 싶을 때에는 "안 먹어." 그러지만, 이제 저도 한잔 먹으려고 하니까 뭐, "안주를 뭐를 해 가지고 갈까요, 퇴근길에……?" 그러면 "니가 먹고 싶은 거 사 와, 엄마는 먹고 싶은 게 없어." 그래 놓고 지가 소주랑 안줏거리 챙겨 가지고 오면, 그때 한 잔만 줄려, 하고 뺏어 먹는 거지. 그러면 두 번 먹는 거지. 낮에 먹고, 저녁에 먹고. 그런 날이 허다했어요. ("아.") 아무튼 술은 끊어라, 담배는 줄여라, 뭐 술은 끊어라 말씀을 하셨기 때문에 말씀을……. 그냥 그 소중한 말씀을……. 제가 뭐,

난 이제 뭐, 중독되었는 걸 뭐, 이렇게 버티면 제 손해니까……

**상담자**: 그렇죠.

**내담자**: 이 소중한 말씀을 듣고 '그래, 사람이 되어야지……' 술 먹었을 때에는 남이 몰라요. 문밖을 안 나가니까, 그러니까 동네 사람들이 술 그렇게 먹는 거, 아무도 모르지. 나가면 멀쩡해 보이니까.

**상담자**: 그렇죠.

**내담자**: 이제, 어떤 사람은 피부가 좋아졌다고 그러는 사람도 있고.

**상담자**: 술하고 담배를 이제 끊게 되면 여러 가지가 좋아요. 몸에서부터.

**내담자**: 그렇죠.

**상담자**: 반응을 일으키고 ("예.") 그리고 사시는 날까지, 의료기술이 발전하니까 죽고 싶어도 죽지도 못해요.

**내담자**: 맞아요.

**상담자**: 그러다 보니까 100세 기준으로 잡는다 하면 100세까지 아프지 않고 편안하게 살다가 가야죠. 내가 아프면 내 주변 사람들 모두가 힘이 들어요.

**내담자**: 맞아요.

**상담자**: 특히 아들은 더 말할 것도 없고요. 따라서 내가 건강하게 잘 사는 게 주변 사람들 도와주는 거다, 그렇게 생각하시면, ("예.") 음, 오늘이 마지막 상담이고. ("예.") 따라서 처음 상담 목표가 불안, 긴장, 분노 해소, 삶의 질 향상이었어요.

("예.") 요즘도 불안이 올라올 때가 있나요?

**내담자**: 좀 덜해지기는 한 것 같긴 해요. ("아.") 인제 음, 긴장하고 불안하고, 그런 게 조금씩, 조금씩 이제 덜해진 것 같기는 한데요. 이제 이렇게 뭐, 이렇게 그 뒷산에 너구리가……. 새벽에 또 나가는데 그 시간대에 나오는 엄마들이 있어요. 그런데 이제 너구리들이 많이 번져 가지고 주변 고양이들을 잡아먹는다든지, 물고 갔다든지. 이제 그런 거를 보면, 이제 쇼크가 와 가지고 마음이 막 안정이 안 되고, 머리가 갑자기 뭐 큰일이라도 난 것처럼 그런 공포. ("예.") 그런 증세가 이제 좀 있어서 그렇지, 불안하고 긴장하고 이런 거는 제 마음속으로는 이제 당당하게……. 있지도 않은 일들을 왜 미리 고민을 하고 그러느냐, 그거는 잘못된 거 같기도 하고 그래서 이제 많이……. 아휴, 그래 걔네들도 죽을 수 있지…….

**상담자**: 그렇죠.

**내담자**: 걔 죽는다고 내가 왜 그것 때문에 막 공포에 시달리고, 마음 아파서 시달리고, 가슴이 아픈 게 이런 것들이 이렇게 너무 시달리는, 너무 괴로우니까……. 이제, 죽을 수도 있지, 나는 뭐 언젠가 안 죽나 나도 죽는데 뭐, 그렇게 하고 이제 무거운 마음을 안 가지려고 애는 쓰죠.

**상담자**: 예, 예……. 주변에서 일어나는 일들을 있는 그대로 편하게 받아들이시면 좋지 않을까 생각돼요.

**내담자**: 좋은 것만 보면 좋겠는데. 그런데 불쌍한 거, 그러니까 조카

도……. 불쌍한 아이가 있었잖아요. 엄마, 아버지한테 그냥 버려진 자식. 그래서 오빠들하고도 상종을 안 하고, 그런 모습들을 어려서부터……. 그 불쌍한 아이의 우는 모습, 엄마 찾으며 우는 모습 뭐 이런 것들을 보면서, 가슴에는 그 애들이 불쌍하게 가슴에 항상 안고 평생을 살아오다 보니까. 그보다 더 비참한 그게 으레 보면 가슴이 미어지는 게, 그게 아마 그것도 병인 것 같아요. 그게 쉽게 털어지지가 않고 한참 아프다는 거…….

**상담자**: 음, 그렇죠. ("예.") 그런 것들을 자주 이야기하면서 둔감화시켜야 돼요. 사람은 태어나서 지금까지 경험한 모든 일들은 무의식에 차곡차곡 가라앉아 있다가 연상상황, 연상기억에 의해서 의식으로 올라와요. 예를 들어서 고양이 일만 해도 그래요. 고양이를 보면 불쌍하고 측은하잖아요.

**내담자**: 지금도 너구리를 봐 가지고 머리가 아직까지 ("아.") 안 맑아.

**상담자**: 오늘도 보셨어요?

**내담자**: 에, 너구리들이 길 앞까지 내려오게 생겼어. ("아.") 그런 걸 보면서 '진짜 나약한 건 죽어야 하나.' 먹히고. 먹히고. 거 동물의 세계는 그렇잖아요. 그런데 이제 그러려니 해야지, 해야 되는데 그런 걸 보면 한참을 머리가 아파 가지고.

**상담자**: 그렇죠.

**내담자**: 맹해 가지고 정신 줄을 놓아 가지고, 맹해져서 있어요.

**상담자**: 그래도 선생님이 따뜻한 마음, 이타심이 있으니까 그런 걸 보고 마음 아파하는 거예요. 그러나 너구리가 많이 증가하

고, 그리고 먹을 게 부족하다 보니까. 아마 이제 민가로 서
서히 내려오고 들고양이들이 있으면 힘이 세니까 ("예.") 잡
아먹고 ("예.") 이거는 자연의……

**내담자:** 자연의 이치라고 생각을 하지.

**상담자:** 그래서 잡아먹으려고 하는 걸 못 잡아먹게 하면 그러면 또
너구리는 어떻게 살아요.

**내담자:** 그러니까 그거를 자연의 이치지 어떻게 하겠나, 쟤도 살기
는 살아야지. 그런데 또 그런 거를 보면, 몰라 그런 게 그렇
게 싫은지, 그냥 충분하게 먹이를……. 거기가 공원이나 마
찬가지니까 자치구에서 먹이를 줘서, 먹고 먹히는 그런 과정
이 없으면 얼마나 좋을까 하는 생각이 드네요. 일단 고양이
들은 눈에 띄는 애들을 거기서 보니까, 제일 불쌍한 애들이
고양이인데, 얘네들이 밀리고 밀려 가지고 있을 곳이 없어
서…….

(하략)


상담 종결 회기로서 상담 전과 상담 후 변화 과정에 대해 나누고 지
지와 격려를 했다. 내담자는 상담 이전에는 우울, 불안, 긴장, 분노, 서
글픔으로 인한 눈물이 나고 자다가 벌떡 일어나는 등 마음 다스리기
가 힘들었다. 이를 달래고자 30년 넘게 술과 담배에 의존했다. 상담이
진행되면서 내담자는 자각과 통찰을 통한 사고의 전환이 일어났으며,
긍정적인 변화를 체감했다. 과거의 어두운 그림자로부터 벗어나 현재

와 미래를 위한 삶을 추구하고자 했다. 또한 자아존중감 향상과 건강한 의사소통을 하게 되었으며, 타인을 배려하고, 현실을 직시하고 수용적인 태도를 갖게 되었다.

내담자는 상담을 받지 않았다면 스스로 만든 어두운 틀에 갇혀 심인성질환에 시달리고 있었을 것이다. 상담 후 내담자는 30년 넘게 의존하던 알코올을 끊게 되었으며, 담배를 줄이게 되었다. 몸과 마음이 회복되었으며, 삶의 질이 향상되었다.

8회기 상담을 마치고 우울, 불안, 자살 위험성 검사를 했다. 내담자는 우울증 건강 설문(PHQ-9) 척도는 1, 일반화된 불안장애 척도(GAD-7)는 1, 자해 및 자살 위험성 질문지(The P4 Screener)는 거의 없음으로 나타났다.

# 5. 축어록

상담 과정에서 상담자는 암시를 할 수 있는데 상담자의 암시는 내담자가 더 좋은 결과를 이끌어 내는 상담을 받고 있다든지, 받을 수 있다는 것을 기대해도 된다는 것을 전할 수 있어야 한다. 이는 어떤 중요한 결정이나 그 결정을 행동으로 옮기기 전에 논의 해 보자는 암시가 될 수도 있고, 내담자의 현재 상황의 변화에 대해 이야기할 수 있는 암시가 될 수도 있다. 이와 함께 변화를 위한 사소한 행동에도 용기를 북돋고, 지지, 격려, 공감 등을 통해 욕구강화형성을 해야 한다.

**상담자 1:** 어떻게, 잘 지내셨어요? ("예.") 음, 지난주에 일자리 면접······.

**내담자 1:** 아, 그날 합격이 통보가 왔어요.

**상담자 2:** 합격되셨어요? 하하하.

**내담자 2:** 에, 보니까 아동복지 뭐 그런 곳이더라고요. 가 보지는 않아 가지고 모르겠는데. 어느 분이 하고 계시다가 아프셔서 나오셨대. 그런데 이제 그것도 여러 명이 면접 대상이 있었나 봐, 제가 끝으로 면접을 본 것 같아요. 근데 가 보니까, 이제 면접은 잘 끝마쳤는데, 이제 서너 달 정도밖에 못 하는 거더라고……. 11월 달에 다시 면접 들어간대. 다시 뽑나 봐, 전체적으로. 그래서 3, 4개월 보고 하기는 그렇고 그래서.

**상담자 3:** 그렇죠.

**내담자 3:** 아예 11월로 해서 면접을 그러면 1년을 할 수 있대. 1년마다 면접을 새로 시작을 하는데 이 자리는 누가 하던 자리인데, 나오시는 바람에 고게 이제 서너 달 메꾸려고 그랬었나 봐요. ("에.") 그래서 저는 11월에 가서 만약에 하게 된다면, 다시 정식으로 면접을 보고 1년 치를 그냥 꾸준히 하는 거 하겠다 하고……. 제가 그날로 합격 통보가 왔는데, 그냥 놓고 "11월달에 다시 면접해서 아예 1년 자리를 들어가겠습니다." 하고 거기를 놔 버렸어요.

**상담자 4:** 하하하. 잘하셨어요. ("호호호.") 선생님이 선택한 것은 최선의 선택이에요.

**내담자 4:** 그리고 이제 또, 음……. 또 자신을 잘 모르고, 상담을 하면서 느낀 점이 많았어요. ("아.") 뭐가 많았느냐, '때문에'가 아니고 '덕분에'. 그 말이 굉장히 저를 많이 생각하게 했고. 음, 그다음에 이제 뭐가 한 가지가 또 있었지. 음, 술 담배 끊으라는 것도 의식은 했는데. 담배는 그게 무슨 좋은 점이 아닌데도 불구하고 그거를, 이제 거 박사님이니까 정직하게 솔직하게 이야기하려다 보니까 부끄럼 없이 말씀을 드렸는데. ("예.") 술은 지난주 전날 목요일부터 지금까지 안 먹은 거는 사실이고요. 아직 담배는 조금 전자담배로 바꾸면서 이제 담배가 다르다 보니까 덜 하게 되는 것도 사실이고요. 음, 그거가 아마 좀 저를 좀 유익한 점이었었나, 박사님 덕을 많이 봤습니다. 그리고 술을 저녁마다 한 병 이상씩 먹던 습관이 있었거든요. 그게 이제 아침에 일어나면 피곤하죠.

**상담자 5:** 그렇죠.

**내담자 5:** 그러면서 제가 할 일을 다 해야 하니까. ("예.") 그런 걸 생각하니까 그래 한번 끊어 보자 그러고. 하여튼 내일모레까지 안 하면 거의 열흘 정도 됐고요.

**상담자 6:** 와, 대단하세요.

**내담자 6:** 안 했는데 알코올중독이나 마찬가지죠. 그 시간대가 되면 먹고 싶으니까. 그랬는데 그것은 어느 정도 극복을 한 것 같아요. 아예 생각이 안 날 정도로 극복을 한 거 같고요. 그리고 매주 하던 일 계속 잘 하고 있고. 이제 제 입장에서는 그랬었거든요. '때문에'가 아니고 '덕분'이다. 이렇게 생각을 하라 하셨을 때, 제 입장에서는 남편 때문이고, 부모 때문이었고 지금도 자식 때문이고, 암만 생각해도 분하지만 사실이거든요.

상담자 7: 그렇죠.

내담자 7: 예, 그게 누구 때문에……. 나는 열심히 살았고, 그렇게 열심히 살아서 모아 놓은 재산을 남편이 털어먹고, 자식이 털어먹고 그랬을 때 그냥 분하기가 짝이 없었어요.

상담자 8: 그렇죠.

내담자 8: 그냥 마냥 분한 마음만 가슴에 있었거든요. 1차로 남편이 그랬지, 2차로 아들이 뭐 사업한답시고 엄마를 알거지로 만들어 놨지. 그러니까 뭐 이제 아들도 사업을 제대로 이렇게 안 될 줄 알았으면, 그냥 직장 생활을 하고 했으면 집은 건졌을 거거든요.

상담자 9: 그렇죠.

내담자 9: 집을 몇 번 사려다가 지가 사업을 하려면 자금이 돌아가야 하니까 그 집을 못 산다는 거예요. 그래서 "그래, 망하려면, 엄마도 겪어 보면 젊어서 망하니까 어디 가서 파출부라도 해서 먹고는 살겠더라, 열심히 사니까, 그렇게 하고 싶으면 해라." 미련을 뒀지, 그걸 가지고 뭐라 그러는 거는 아니고, 잘됐으면 괜찮은데 아직까지 잘 안됐기 때문에 이제 속은 상했고…….

상담자 10: 그렇죠.

내담자 10: 예, 그러다 보니까, 누구 '때문에'가 항상 이유가 될 수밖에 저한테 없었거든요. 변명이지만 그러다 보니까 분하고 억울하고.

**상담자 11:** 그렇죠.

**내담자 11:** 그랬었는데, '때문에'가 아니고 '덕분에'로 고쳐서 이렇게 생각을 해라.

**상담자 12:** 그렇죠.

**내담자 12:** 예, 그럴 줄을 몰랐거든요. 항상 분하기만 해서 ("음.") 그 래서 그 점에 대해서 이제 그렇게 '맞어, 그래야만이 내 가, 인간이 달라지지, 언제까지 억울하고 분해하면서 살 거야?' 이 생각이 드니까 박사님 말씀이 너무 옳으시더라 고요. 호호. 그래서 지금은 마음이 너무 넓어지는 것 같 은 생각이 들고 그러면……. 분했다. 억울했다. 그래서 술, 담배 하는 것은 좋은 것이냐, 사실 좋은 게 아니잖아 요. ("예.") 그래서 제 자신을 반성하게 됐습니다. 호호호. 아들이 엄마가 술 안 먹는 점에 대해서 너무 좋아하고 ("아.") 그래서 요번 주는 행복했어요. 아, 이럴 수도 있구 나, 술을 안 먹을 수도 있네, 저도 깜짝 놀라고 있거든요.

**상담자 13:** 아, 그래요. 하하하.

**내담자 13:** 호호호. 참 오랫동안 술을 먹었는데 지금 내가, 내 자신에 대해서 반성도 많이 하지만 좀 놀라기도 하고 있어요.

**상담자 14:** 하하하. 지금까지는 술을 드실 때에는 이유가 있었으니 까 드시게 되었을 거예요. 이제 끊을 때가 되었기 때문 에 이제 끊기 시작하는 거예요.

**내담자 14:** 그래서 박사님이 또 이거 두 가지 구절, "'때문에'가 아니 고 '덕분에'." 그리고 "지나간 과거가 아니고 미래를 보고 살아야 한다."라는.

**상담자 15**: 그렇죠.

**내담자 15**: 그 말씀이 많이……. 그렇지, 그거보다 더 좋은 말씀이 없는 것 같다. 그래서 많이 반성하고 있습니다.

**상담자 16**: 이제 남은 삶을 행복하게 사나, 안 그러면 불행하게 사나……. 주변 사람들하고 힘들게 엮여서 나도 힘들게 살아가나…….

**내담자 16**: 그렇게 살아온 편이죠. 나만 놔두었으면 잘 살았을 수도 있겠죠.

**상담자 17**: 그렇죠.

**내담자 17**: 그걸로 인해서 이제 마음이 독하지 못하다 보니, 겉으로 보기만 조금 안 그렇게 생긴 것 같은데, 제가 봤을 때 당하고 사네요. 가족들이라…….

**상담자 18**: 그렇죠.

**내담자 18**: 남이라면 모르겠는데 가족들이라 어쩔 수 없이, 그래 그렇게 소원이면 해 봐, 이러다가 전 재산을 다 빼앗기고, 그러다 보니까 자기만 억울하다는, 몇십 년을 억울한 마음으로 지금까지 살고 있었으니, 뭐가 발전이 되겠습니까. 호호호.

**상담자 19**: 하하하. 이제 좋은 시간들이 다가오기 시작할 거예요. ("예.") 특히 사고의 전환을 가져왔다는 것은, 그러면 행동과 결과가 달라져요. 이제 선생님이 바라는 그림대로……. 부정적 그림을 그리기 시작하면 부정적으로 완성이 되고, 긍정적인 그림을 그리기 시작하면 긍정적으로 완성이 돼요. 그래서 생각한 대로 이루어진다는 거예요. 따라서 선생님이 아주 밝고 긍정적인 좋은 생각을 하면서 그쪽 방향으로 계속 걷다 보면, 어느새 그쪽에 닿아 있어요. 지금 이제 술을 지난 목요일부터 술을 안 먹기……

**내담자 19:** (말을 가로채며) 목요일이 아니고 수요일, 그 전날부터 안 먹었으니까.

**상담자 20:** 수요일부터 금주……. 아주 잘하고 있어요. ("예.") 음, 그래서 잘하고 있으니까 지속적으로 계속하시고 ("예.") 그리고 담배 역시도 건강에 해롭잖아요. ("예.") 그것도 서서히 줄여 가시고 ("예.") 그러면 선생님이 바라고자 하는 부분들 쪽으로 한 걸음, 한 걸음 더 나아가는 데 도움이 많이 되지 않을까 생각해요.

**내담자 20:** 뭐, 어디 가서 무슨 일을 하든지 간에 두려운 생각은 없고, ("예.") 불안하고 불길한 마음이 항상 있는데 그것도 내가 생각하기에 달렸는데 그런 거를 모든 걸 다 어렵게 생각하고, 가슴속에 용기도 그렇고 모든 게 다 그냥 자신감 떨어지는 그런 마음이었는데. 술을 안 먹고 나서부터는 이렇게 몸도 좋아지고 마음도 머리도 맑아지는 것 같고. 좋아지는 거를 느끼게 되는 것 같아요. 지금 제 자신한테도 많이……. 원래는 그랬어야 되는 건데, 너무 늦었지만 그래도 그 알코올에서 벗어나고 있다는 데에서 저도 제 자신에 대해서 이렇게 해도 되는구나 생각을 했죠.

**상담자 21:** 그렇죠. 사람에게는 세 가지가 잘 이루어지면 편안한 삶
이라고 해요. 잘 먹고, 잘 자고, 잘 배설하면, 그런데 그
게 평범한 것 같지만 의외로 쉽지 않아요.

**내담자 21:** 그렇죠.

**상담자 22:** 어떤 사람은 불면증 때문에 여러 가지 생각이 겹치다 보
니까, 하고 있는 일들이 자기 생각대로 잘 안 돌아가다
보니까 잠도 제대로 못 자고, 음식도 제대로 못 먹고 그
러다 보니까······. 적절히 음식이 공급이 되어야지 몸에
장기가 활성화되면서 배설도 하고 그러는 건데. 배설하
지 못하는, 스트레스 많이 받는 사람들 변비로 인해서
굉장히 힘들어해요. 그런데 불안과 긴장이 없는 사람은
마음의 병에 잘 안 걸린다고 해요. 불안과 긴장이 있다
는 것은 스트레스가 그만큼 쌓여 있다는 거예요. 그러
다 보니까 너무 지나친 불안과 긴장이 오게 되면 자연스
럽게 정신이 먼저 앓기 시작하고 그리고 몸이 반응을 하
면서 신체화증상으로 나타나요. 그래서 모든 마음의 병
은 스트레스부터 시작하고, 스트레스가 심하게 오며, 견
디기 힘들 정도로······. 그러면 불안과 긴장이 따라오게
돼요. 그러면 내가 가지고 있는 마음의 병은 불안과 긴
장에서 오는 것이다. 편안한 마음이 삶의 질을 높인다.
그렇게 생각하시면······.

**내담자 22:** 그런데 이제 그, 이게 또 핑계이지만. 그래서 이제 모든

괴로움이 술을 잘 못 먹었었는데, 잠을 자기 위해서 술을 한 잔씩 먹게 되었거든요. 늘고 늘어 가지고 몇십 년 그냥 그렇게 되다 보니까. 그게 이제 한 병으로 늘고, 더 먹을 때도 있고 그랬는데. 그게 이제 습관이 완전히 됐었고, 그 대신에 이제 그 바람에 잠을 자는데 알코올이 이제 정말 깰 때쯤 되면 잠도 깨지더라고요.

상담자 23: 그렇죠.

내담자 23: 그래서 그것도 느꼈고 근데 이제 문제는 벌써 오래됐어요. 술을 먹어도 자기 위해서 먹지만 텔레비전을 켜 놓고 자요. 그러니까 낮이고 밤이고 집 안에 있으면 텔레비전이 친구가 되는 거예요.

상담자 24: 그렇죠.

내담자 24: 그 대신에 우리 친구는 사는 것도 부유하고 아들도 잘나가고 또 그 남편이 공사에 직급이 높은 사람이었고, 재산도 많고 한데. 이제 어느 날, 이제 돈이 많다 보니까, 이제 어느 친구가 돈을 빌려달라고 그랬나 봐요. 아주 친하다 보니 차용증도 없이 5억이라는 돈을 빌려주었나 봐요. 그 친구는 꼬임에 넘어가서 5억을 주었는데 나중에 알고 보니까 그 친구는 이 친구한테 사기를 친 거야. 그러다 보니까 이제 그 친구를 믿다 보니까……. 그렇게 사기를 친 거를 나중에 당한 거 생각하니까 그때부터 인제, 본인이 인제 잠을 못 자니까…….

상담자 25: 그렇죠.

심리상담 사례 분석의 실제

**내담자 25:** 그거 5억이 나가 떨어졌어도 재산이 많고. 아들도 잘 풀렸고 며느리도 전문직이고. 뭐 그럼에도 불구하고 잠을 못자 가지고 수면제를 먹고 자더라고요. 그러니까 이제 움켜쥘 줄만 알았지 이렇게 뭐 양보할 줄도 모르는 야무진 친구인데 어떻게 친구한테 꼬임에 넘어가 가지고, 그런데 그 친구는 이제 수면제를 먹는대요. ("예.") 저는 술은 먹었지만 약은 안 먹었거든요. 그랬는데 이제 그 대신에 이제 잠이 안 와서, 고민을 안 하는 이유는 텔레비전을 켜 놓고 자요. 보다가 스르르 잠이 들어요. 텔레비전을 켜 놓았다고 해서, 시끄럽다고 해서 잠이 안 오고 그러지는 않는 거예요.

**상담자 26:** 그렇죠.

**내담자 26:** 그게 무슨 자장가처럼 오히려 텔레비전을 끄면 다시 뭔가 공상에 사로잡혀. 그러니까 생각하게 되니까 이래서 사람들이 수면제를 먹는 거로구나 하는 거를 느꼈고. 그래서 약을 먹으려면 그냥 텔레비전을 켜 놓고 자자, 작은 소리로 해 놓고 자면……. 그래도 요즈은은 텔레비전이 다 좋잖아요. 영화도 볼 수 있고. 뭐 그래서 뭐 잠이 안 오는 게 고민이야, 채널이 많아서 여기저기 틀다 보면 볼 것도 배울 것도 있고, 그러는데. 고민은 안 하고 잠을 자는 편인데. 이제 텔레비전을 켜 놓고 자는 거는 좋지 않다. 이렇게 선생님들이, 이렇게 텔레비전에서 한 분씩 나와서 이야기하면 저는 그거를 못 느끼거든요. 텔레비전을 켜 놓고 자는 데 불편 사항이 없다. 자다가 잠이 깨면 잠이 안 와서 고민하지 말고 차라리 텔레비전을 보면서 웃기도 하고, 자다가도 웃고, 자다가도 재미있는 거 보면 그냥 '아유, 재미있네.' 그리고, 그러다 보면 잠이 오거든요. 이런 점이 과연 잠이 안 오면 텔레비전을 꺼 놓고, 잠이 안 오면 그냥 참으면서 공상에 잠기더라도 틀어 놓지 말고 자야 되는지, 자려고 애를 써야 되는지, 저처럼 켜 놓고 고민 안 하고, 잠이 안 오면 텔레비전을 보다가 잠이 오면 자고, 그냥 그게 나은지. 그것은 이제 저한테는 잘 모르겠어요. 호호호.

**상담자 27:** 하하하. 지금까지 선생님이 저녁에 텔레비전을 켜 놓은 것은 내가 그것을 보다가 잠을 자는 것이 몸에 습관처럼 배어 있기 때문에 그렇게 하고 있을 거예요.

**내담자 27:** 예, 맞아요.

**상담자 28:** 그런데 많은 사람들은, 전문가들이 볼 때에는 "텔레비전을 켜고 잠을 자게 되면 건강에 도움이 안 된다." 그렇게 이야기들을 해요. 그것은 텔레비전에서 빛이 나오는 것 그리고 잠잘 때 숙면을 취하지 못하고, 선잠이 든다고나 할까.

**내담자 28:** 그렇죠.

**상담자 29:** 그러기 때문에 건강에 별로 안 좋다고 하는데 지금까지 그렇게 생활을 해 왔어요. 그런데 이제 그것을 바꿀 것이냐 ("예.") 안 바꿀 것이냐. ("예.") 그거는 선생님 마음이라는 거예요. 그래서 내가 이것을 다른 방법을 시도를 해 보아야 되겠다. 생각이 들면 그렇게 하 보는 것도 좋아요. 남들이 다 안 좋다고 하는 것은 이유가 있기 때문에 안 좋다고 하는 거예요.

**내담자 29:** 그렇죠.

**상담자 30:** 그래서 지금도 선생님이 잠을 잘 때 텔레비전을 켜고 자나요? ("예.") 아, 어제도 그랬어요?

**내담자 30:** 그건 날마다. 몇십 년 동안 날마다.

**상담자 31:** 날마다.

**내담자 31:** 왜 그러냐면 어쩌다 텔레비전 끄고 자 보자, 잠이 오는데 텔레비전을 일단 꺼요. 그리고 어두운데 눈을 감아요. 자는데 자려고, 근데 바로 잠이 깨 버려, 텔레비전을 꺼 버리면. 내가 깊은 잠을 들기 위해 자겠다는데 그리고 텔레비전을 꺼 버리면 잠이 혹 달아나는 거야. 그러니까 완전 습관이 되어 버린 거야.

**상담자 32:** 그렇죠.

**내담자 32:** 예, 그래서 텔레비전을 보면서 이제 소리를 약하게 해 놓고 보면서 이제 자기도 모르게 잠이 드는 거죠. 근데 자려고 텔레비전을 끈다. 그러면 잠이 안 오는 거예요. 근데 우리 친구는 조용해야 잠이 오니까 그래서 텔레비전을 안 켜는데. 그 대신 잠이 안 오면 수면제를 먹고 잔다고 그래요. 그래서 그 친구는 또 수면제를 먹고 자는데 그게 더 나은 건지, 텔레비전을 보면서 그냥 잠이 오면

자는 게 옳은 건지 잘 모르겠어요.

**상담자 33**: 아, 약물에 의존하는 것은 과히 바람직하지 못하다고 생각해요. 약물보다는 텔레비전을 켜는 것이 낫고.

**내담자 33**: 나을까요.

**상담자 34**: 그리고 텔레비전을 끄고 자면 더 좋고, 또 어떤 사람은 불을 켜고 잔다든지 방문을 열어 놓고 잔다든지 그런 사람도 있어요. 그 이면에는 불안함이 깔려 있기 때문에 그래요. 선생님도 텔레비전을 끄게 되면 잠이 안 온다.

**내담자 34**: 무슨 생각에 또 빠질 것 같은.

**상담자 35**: 생각에 빠진다. 불안, 긴장이 올라오기 때문에 그런 게 아닐까 생각돼요. 따라서 지금 조금씩 더 나은 방향으로 나아가고 있잖아요. ("예.") 우선 술을 끊으시고.

**내담자 35**: 다신 안 먹으려고 해요. 명심하고 있어요.

**상담자 36**: 예, 예, 그리고 담배도 서서히 줄여 가고 있고요. 술과 담배를 끊게 되면 사시는 동안……. 이제 100세까지 산다고 할 때 30년 정도 남았잖아요.

**내담자 36**: 30년이나.

**상담자 37**: 100세까지 사실 거예요. ("호호호") 갈수록 의료기술들이 좋아지니까, 몸에 이상 있으면 바꾸고 그러잖아요. ("호호호.") 대표적인 사례가 치아, 치아에 이상 있으면 임플란트를 한다든지 틀니로 한다든지, 예전에는 60세 살면…….

**내담자 37**: 맞아요.

상담자 38: 환갑잔치.

내담자 38: 맞아요. 환갑잔치 했어요.

상담자 39: 그런데 지금은, 20여 년 전부터인가…….

내담자 39: 지금은 칠순잔치도 잘 안 해요.

상담자 40: 칠순잔치도 잘 안 하고 80, 90이나 되어야 할까 그렇게 시대가 변화하고 있어요. 따라서 선생님도 지금 흐름대로 보면 100세 정도까지, 100세 시대, 100세 시대 하니까, 선생님이 평범한 사람이잖아요. ("예.") 그러니까 평범한 사람들이 100세까지 살게 되니까 선생님도 그렇게 산다고 하고 그러면 선생님이 활동할 수 있는 시기가 어느 정도 되는지 생각하면 그리 많이 남지 않았다는 거예요. 아무리 많이 잡아도 10여 년, 그 이후는 기력이 약해서 하고 싶어도 못 해요. 그때까지 선생님이 지금 취업을 하기 위해서 해 보는 거, 그래도 선생님을 필요로 하는 곳이 있다.

내담자 40: 그러니까요.

상담자 41: 얼마나 좋아요. 그렇게 지내려면 다른 사람들에게 피해를 주지 않기 위해서 건강한 몸을 만들어야죠. 건강한 몸을 만들기 위해서 세 가지, 잘 자고 잘 먹고, 잘 배설하고. 이 세 가지만 잘하시면……. 건강을 기반으로 다양한 활동을 하는 거예요.

내담자 41: 잘 먹고, 잘 자고, 잘 배설하고…….

상담자 42: 배설도, 배설을 통해서 그 사람의 건강 상태도 알 수가 있어요. 우리가 황금 변, 황금 변 하잖아요. 그것이 가장 좋다고 생각해요. 장이 안 좋거나 긴장과 불안으로 인해 스트레스를 받는 사람들은 설사나 변비가 있는 사람들이 많아요. 선생님은 배설은 잘하고 있나요?

내담자 42: 이제 색깔을 한 번씩 보는데, 아직은 색깔은 괜찮은 것 같고요. 술을 안 먹으니까 변이, 매일 보던 변이 이틀에 한 번씩 보는 것 같아요. 이틀에 한 번 보는 것이 변비인지, 변비가 아닌지……. 변을 볼 때 그렇게 힘들지는 않는데 매일 보다가 이틀에 한 번 보더라고요.

상담자 43: 변비는 변의 경도, 배변 횟수의 감소, 배변 시 힘주기 정도 등을 기준으로 진단하며, 변을 볼 때 힘드나, 안 힘드나, 그걸 기준으로 보는데 힘들지 않다고 하면 그건 변비가 아니라고 봐요. ("예.") 그리고 술을 안 마시게 되면 이제 변이 황금색으로 될 거예요.

내담자 43: 항상 색깔은 괜찮았어요.

상담자 44: 건강하시네요.

내담자 44: 예, 먹을 때나 안 먹을 때나.

상담자 45: 그리고 과일이나 야채를 많이 드시고요.

내담자 45: 과일은 잘 안 먹어요. 이상하게 과일은 잘 안 먹어지고, 신맛도 안 좋아하고, 그전에는 안 그랬거든요. 나이를 먹으면서 신맛이 싫어지게 되고.

상담자 46: 그렇죠.

내담자 46: 그래서 과일은 잘 안 먹게 되고 참외 같은 거는 한 번씩 먹는데.

**상담자 47:** 그렇죠.

**내담자 47:** 약간 신맛이 나는 것은 잘 안 먹게 돼요.

**상담자 48:** 그렇죠.

**내담자 48:** 어쩌다 먹는 것은 참외, 참외 정도.

**상담자 49:** 참외도 그렇고, 바나나도 건강에 도움이 돼요. ("예.") 과일 저렴한 것들, 제철에 나오는 과일들 싼 것들이 많아요. 그리고 내가 좋아하는 것들, 야채들도 많이 드시고 그러면 섬유질이 있어 가지고 장운동도 활성화시키고 변도 편안하게 보게 되고 그래요.

**내담자 49:** 예, 먹도록 노력을 해야죠. ("예.") 과일을 너무 안 먹는 거, 고치기는 해야 될 것 같아요.

**상담자 50:** 과일이 어떤 것은 너무 비싸요. ("예.") 사과 조그마한 거 한 개에 천 원 이상씩 하니까.

**내담자 50:** 근데 사과도 원래 안 좋아해요. 과일을 안 먹어 버릇해서 그래.

**상담자 51:** 그렇죠. 그런데 먹기 시작하면 계속 먹게 돼요.

**내담자 51:** 그럴 것 같아요.

**상담자 52:** 그래서 주변에 유독 싸게 파는 곳들이 있어요.

**내담자 52:** 있더라고요.

**상담자 53:** 그런데 가서, 약간 흠이 있는 것들은 싸요. ("예.") 저도 그런 것들을 사다가 먹거든요. ("예.") 그러면 가격 부담도 없고 ("예.") 건강도 챙기면서 ("예.") 좋은 거 같아요. ("예.")

그리고 일주일 동안 지내면서 에어로빅이나 그런 것들은 계속하시고요.

**내담자 53:** 예, 꾸준히 계속하는 거는 잘하고 있었어요. 근데 이제 거기에다가 일자리를 세 시간씩 하는 거니까 그거를 하게 되면 하루 일과가 **빽빽**하다 이렇게 생각했었는데. 그냥 잘됐다 생각했는데 이제 자발적으로 안 한다고 했고, 11월달에 할 때 아예 1년, 꾸준히 1년 할 수 있는 그런 자리를 노려 보고.

**상담자 54:** 그렇죠.

**내담자 54:** 그래서 그것은 그냥 놨어요.

**상담자 55:** 잘하셨어요. 하하하. 그렇게 운동을 계속 요일마다 바꾸어 가면서 하기 때문에 건강을 유지하고 있는 게 아닌가 생각해요. ("예.") 우선 텔레비전을 끄고 자는 것 이거를 한번 시도해 보세요. 선생님의 마음이 불편하기 때문에 불안과 긴장이 있기 때문에 ("예.") 자꾸 텔레비전을 켜고 자는 거예요. 소리 들으면서. ("예.") 그 이면에는 불안이 깔려 있거든요. 그래서 선생님이 잠자기 전에 가볍게 스트레칭을 하고 그리고 잠을 자면 좋은데, 내가 감당할 수 있을 만큼 편하게 스트레칭을 하세요. 여러 가지 운동들이 있잖아요. ("예.") 방에서 가볍게 할 수 있는 그런 걸 하고 그리고 나름대로 한 번 방법을 찾아보세요. 선생님에게 맞는 방법들을……. 운동이나 스트레칭은 여러 가지로 좋은 것 같아요. 팔 근육을 위해 아령을, 아령이 없으면 집에 있는 페트병이라든지 물을 채워서 아령 들 듯이 들면 좋고. 수건을 양쪽으로 잡고 당겨 본다든 지, 여러 가지 방법들이 있거든요. 의자에서 앉았다, 일 어났다.

**내담자 55:** 텔레비전으로 요가도 볼 수 있고, 에어로빅도 볼 수 있 고, 따라서 할 수도 있고 하려고 했는데, 어쩌다 하게 되 더라고요.

**상담자 56:** 그렇죠.

**내담자 56:** 그거를 아침마다는 운동을 하는데 저녁이 자기 전에 운 동을 하게 안 되더라고요. 습관이……. 아예 텔레비전을 끄고 어쩌다 조용하게 잠 좀 자 보자, 이러면 오히려 이 쪽 뇌에서는 그렇게 하자고 그러는데, 다른 쪽에서는 아 니라는 거지. ("예.") 무슨 생각에 빠진다. 그럼 좋은 생각 은 아니잖아요. 별의별 생각 나쁜 생각, 힘들었던 생각 그것만 머릿속에 꽉 차고 현재 삶이 막 또 만족한 것은 아니거든요.

**상담자 57:** 그렇죠.

**내담자 57:** 아들 사업이 잘 안되다 보니까 그 불안한 마음은 있는 거잖아요. 그러니까 이런 생각, 저런 생각 자면서 안 하 려고, 말하자면 도피성이죠. 텔레비전 켜 놓는 것은.

**상담자 58:** 그렇죠.

**내담자 58:** 아무 생각 하지 않으려고 그게 지금 나한테는 최선의 방 법인데.

상담자 59: 그렇죠.

내담자 59: 건강에 안 좋으니까……. 고치긴 해야 될 것 같기는 해요. 그래서 또 이 점은 어떻게 고쳐 나갈 것인가 생각을 해 보겠습니다.

상담자 60: 예, 예, 동기부여가 중요해요. 지금 선생님이 텔레비전을 끄게 되면 이런저런 과거에 안 좋은 기억들이 올라온다. 그러면 안 좋은 경험과 즐거운 경험이 동시에 올라왔을 때, 즐거운 경험이 안 좋은 경험을 누르는 힘이 강해요. 그리고 나도 다양한 경험들을 했을 거잖아요. 살아오면서 ("예.") 때에 따라서는 누워 있으면, 잠들기 전에 이런 저런 생각들이 스쳐 가요. 그런데 어두운 생각들, 과거에 안 좋은 기억들이 올라와요. 바로 누워 있을 때, 어두운 기억이 올라오면 옆으로 돌아누워요. 머리 방향을 옆으로 돌리면, 떠오르는 안 좋은 기억을 잊으려고, 즐거운 기억을 의도적으로 끌어 올려요. 그러다가 다시 방향을 돌리고, 다른 방향으로 돌려 보고 그러면 좋은 생각에 멈추다가……. 그렇게 한번 해 보시고, 그리고 즐거운 경험을 지금처럼 장구도 치고, 에어로빅도 하잖아요. ("예.") 그분들하고 담소도 나누시고, 끝나고 나서 이야기도 하고, 그럴 거잖아요. ("예.") 그때 즐거운 이야기들 하고, 그런데 그중에는 어두운 이야기만 계속하는 사람들도 있어요.

내담자 60: 아프다는 사람만, 자꾸 아프다는 이야기만, 근데 다 아프다는 이야기만 해, 즐거운 이야기는 없어, 나이들이 있다 보니까 다 아프다고 해, 그리고 즐거운 이야기는 별로 안 나와, 그래서 오히려 내가 더 밝지. 히히히. ("하하하.") 거기에서 재미있는 귀동냥은 없어……

상담자 61: 음, 그래서 감정도 옮겨져요. 예를 들어서 우울해지고 싶으면, 우울증 환자 옆에 10분만 있어 보세요. 금방 나도 우울해져요. 그 사람 표정부터 말하는 모습서부터.

내담자 61: 맞아요.

상담자 62: 바로 옮겨 온다는 거예요. 따라서 밝은 에너지, 긍정적인 에너지가 넘치는 사람들과 자주 만나시고…….

내담자 62: 그래야 하는데.

상담자 63: 예, 예, 그리고 에어로빅 선생님.

내담자 63: 그래서 내가 에어로빅 선생님을 굉장히 존경하거든요. 물론 50대 초반 정도, 중반은 아직 안 됐을 거 같기도 한데, 에너지가 넘쳐 가지고 하루에 여섯 근데, 일곱 군데를 막 한 시간씩 그렇게 움직이는 거를 보고, 저도 옛날에는 돈 벌기 위해서는……. 그것도 직업이잖아요. 보기에는 즐거워 보이지만 직업상 하는 거잖아요.

상담자 64: 그렇죠.

내담자 64: 본인은 얼마나 힘들까. 저도 옛날에 사실 돈을 벌기 위해서는. 10원 버는 것은 쉽지만, 100원 버는 것은 더 힘든 것은 사실이잖아요. 많이 벌기 위해서는 잠을 서너 시간 밖에 못 자고 그렇게 생활을 해 왔거든요. 그랬는데 지금은 이제 나도 옛날에 저렇게 열심히 살았지, 저 사람도 지금은 자기가 최선을 다해서 사는 거야, 겉으로 음악에 쾅쾅거리고 춤추는 거 같지만……

**상담자 65:** 그렇죠.

**내담자 65:** 저 이는 그게 직업이야, 본인은 말은 안 해서 그렇지 얼마나 힘들까, 그런데 힘든 내색이 없어 ("음.") 그래서 그 사람을 존경하고 있고, 너무 엔도르핀이 돌도록 저렇게 지쳐 보이지도 않고, 어떻게 저렇게 잘할까. 그래서 김치도 갖다주고.

**상담자 66:** 잘하고 계시네요.

**내담자 66:** 반찬도 갖다주고. 밥해 먹을 시간이 어디 있어, 저렇게 새벽같이 일어나 가지고 하루 종일 저러고. 또 뭐 언제 김치 담글 시간이 있고, 언제 반찬 만들 시간이 있고. 딸은 셋이나 공부를 가르쳐야 되지……. 그래 반찬 조금 할 때, 이만큼씩 싸서 갖다주고, 김치라도 주면 라면이라도 급하면…….

**상담자 67:** 그렇죠.

**내담자 67:** 딸내미들이 지들이 급하면 알아서 끓여 먹을 거 아닌가. 그래서 김치 담글 때 조금 줘 보기도 하고, 그런 게 즐거움이더라고요, 저한테.

**상담자 68:** 그럼요.

**내담자 68:** 뭐, 크게 베풀어서가 아니고, 그래 저 고생하는 심정, 고생해 본 사람이 그 심정을 안다고 저렇게 하고 하루에 여섯 군데, 일곱 군데 뛰어야지 잠자야지, 씻어야지 막 또 청소해야지. 저러는데 언제 반찬 할 시간이 있고, 밥은 어떻게 제대로 해 먹고 다니는지. 근데 그런 생각을 하면서 조금 이렇게 김치 할 때는 김치, 다른 반찬을 할 때는 뭐 그럴 때 한 번씩 주는 즐거움도 있더라고요. ("예.") 그런데 그 선생이 그렇다고 그냥 덕기만 하는 사람은 또 아니더라고요. 그래서 제 건강을 생각해서 흑염소 엑기스도 주지, 뭐 산양유도 주지, 서로가 주고받고 있는 게.

**상담자 69**: 그렇죠.

**내담자 69**: 서로가 자기가 못하는 거, 내가 안 사 먹어, 산양유 이런 거, 밥 잘 해 먹으면 되지, 반찬을 해서 밥을 잘 먹으면 되지. 보약 같은 거는 나는 안 먹어, 근데 그쪽에서는 김치 할 시간도 없고 반찬 할 시간도 없고, 이렇게 한 번씩 해 주면, 자기는 좋지. 그러면 거기에 대한 답례를 그런 식으로 이제 뭐, 흑염소 엑기스를 주기도 하고, 산양유 이렇게 한 깡통에 든 거, 주기도 하는데. 문제는 속으로 '이러지 않았으면 좋겠는데.' 하고 부담스러워하면, 반찬이 들어가면 '회원님을 위해서 나는 뭐 해 줄까…….' 이런 생각을 하면 부담스러운 거란 말이죠. 그래서 요즘에는 눈치를 보면서 갖다주죠. 그래서 처음에는 예쁜 그릇에 담아서 줬었는데, 이제는 안 받으려고 빈 그릇 준답시고 거기다 담아 가지고 주거든……. 그래서 일회용 그릇

에다가 담아서 줘······.

**상담자 70:** 잘하시네요.

**내담자 70:** 그러면 그릇 돌려줄 일이 없고.

**상담자 71:** 그렇죠.

**내담자 71:** 저기 딸려서 뭐 보낼 생각을 하면 안 돼. 정신적으로 바쁜 사람인데 그것까지 신경 쓰면 안 되니까. 그래서 그렇게 이제 머리를 돌리고 있어요.

**상담자 72:** 아, 배려심이, 하하하, 많으시네요.

**내담자 72:** 그런 게 좋아요. 비록 없지만 남들이 잘 못 해 먹어. 요리를 할 줄 몰라.

**상담자 73:** 그렇죠.

**내담자 73:** 나이 들어서 못 해, 힘들어서 못 해, 이제 묵 같은 거를 또 독거노인들, 혼자 사시는. 먹던 습관이 있어서 묵 같은 거를 쑤어서 갖다드리면 좋아하거든요.

**상담자 74:** 그렇죠.

**내담자 74:** 조금 제가 젊었다고 그분들보다는, 제가 열 살이나 젊었다고.

**상담자 75:** 그렇죠. 하하하.

**내담자 75:** 묵 같은 거를 쑤면, 이 집도 주고, 저 집도 나누어 주고, 그렇게 하는 거 좋아하는 편이에요······. 요즘에 심각한 거는 고양이가, 들고양이가 새끼를 낳았는데 ("음.") 새끼가 세 마리인거 같은데. 두 마리는 괜찮은데 한 마리가 아직까지 쥐새끼만도 못하게, 딱 요런 데. (손가락을 보여 주며) 보니까 움직이지 못하고, 그 땡볕에서 이렇게 시멘트 바닥에서 2시, 3시쯤에 햇볕에 그대로…… 얼마나 뜨거워요. 타 죽는 거지. 그런데 한 마리가 다리가 이만큼 잘려서 뭐가 잘라 먹었어, 뭐가 그랬는지…… 사람이 그러지 않았을 거잖아.

**상담자 76:** 그렇죠.

**내담자 76:** 그러니까 겨우 요렇게, 숨이 넘어가기 직전이더라고. 근데 그런 거를 보면 이제, 이게 남들 같으면 "아유, 너는 못 살겠다." 그리고 지나가잖아요. 지나가잖아…… 이놈의 오지랖은 그걸 보면 심각해지는 거야, 많이 우울해지는 거야. ("아.") 저걸 어떻게 살려 놓을까. ("음.") 그때부터 머리가 혼란이 오는 거야. 저걸 어떻게 살려야 되지…… 막 이제 돼지고기도 삶아 가지고 얇게 저며 가지고, 다져 가지고 줘 보기도 하고. 또 거 뭐야, 고양이 간식을 엑기스 짜 주는 거, 그런 것도 어디서 얻어다가 짜 줘 보기도 하고. 그런 것들이 이제 불쌍한 꼴을 못 보는 게, 남들은 처다도 안 보고 죽을 거라고 인식을 하고 지나가 버리는데.

**상담자 77:** 그렇죠.

**내담자 77:** 왜 그런 모습을 내가 보면 그거를 어떻게든 살려야만 되지, 살리지 못하면 내가 속상하고 죄받을 거 같고, 그런 심각한 수준에 빠져 버리는 게 굉장히, 이게 우울증이 있어서 그런 건지. 우울증하고 연결이 되는 건지, 정신적으로 제가 좀 뭔가 좀 심각한 건지. 그럴 때는 심각해요. 죽어 가는 모습을 보면서. 그런데 더 웃긴 게, 어미 때문에, 어미가 그 새끼가 그 불덩이 시멘트 바닥에 엎드려 그러고 있으니까, 어미도 어딜 못 가고 햇빛에 그대로, 불 같은 햇볕에 그대로 옆에서 있고 둘이서 숨을 겨우, 겨우 쉬는 거야. 그러니까 이제 그런 게 너무 비참하고, 고통스러워 보이니까 그때부터 혼란이 오는 거야, 그런 걸 보면. ("예.") 그래서 돼지고기 삶아서 그거를 얇게 저며서, 다지고 고양이 무슨 간식이라도 갖다가 짜서 먹이고 살려 놔야만이, 마음이……. 머리가 맑아지고, 마음이 편해지고……. 요새 그걸 보니까 조금 거기가 신경이 쓰이긴 해요. 아침, 저녁으로 그 자리에 가 보니까 죽었는지 안 보이는 거야, 어미도 이틀째 안 보이고, 그런 게 이제 아마 우울증하고 조금 연결이 되어 있는 건지 유독 남들은 아파하지도 않고 죽어도 눈도 깜짝 안 하는데, 그것이 죽을까 봐 나는 거기에 올인을 할까, 그러거든요. 작은데, 그게 작다면 작은데……. 생명체인데 그리고 또 크게 생각하면 큰 것 같아서. ("예.") 그게 좀 있어서, 내 눈에 안 띄면 좋겠어요……. 강아지 한 마리가 차에 치여 가지고, 아주 온몸이 망가져 가지고 그거를 쟤는 죽어, 이제 못 살아 그러는데 나는 출근길에 출근은 조금 늦게 하더라도, 그거를 동물 병원에 가서 맡겨 놓고, 고쳐 가지고 산다는 것이……. 그게 그때 당시 아마 강아지 나이가

심리상담 사례 분석의 실제

한 살 정도 되었던 것 같아요. 그런데 잡종인데, 요크서 테리어 잡종인데. 그걸 병원에 데리고 가서 치료해 가지고 집에 데리고 가서 소고기 삶아서, 나도 못 먹는 소고기 삶아서 주고, 먹이고 그래 가지고 그거를 한 17년 정도 데리고 살다가 간 지 얼마 안 되었어요.

상담자 78: 와, 대단하세요.

내담자 78: 그거를 남들은 "저거 죽어.", "못 살아." 그랬는데 병원에서 그래도 맡겨 놨더니 그래도 잘 살려 가지고. 그때는 아들이 4년제 대학 나오고 중국 유학 갔을 때거든요. 그때 이제 7년 동안 혼자 있을 때인데, 그런데 그 강아지만 저 때문에 잘 살게 된 게 아니고 동무도 되더라그요.

상담자 79: 그럼요.

내담자 79: 아침에 나갔다 저녁에 오면 막 반가워서 뒤어오고.

상담자 80: 그렇죠. 반려견이라고 하잖아요.

내담자 80: 예, 그러다가 식구가 되었는데 새벽에 같이 나가서 산책하지, 저녁에 오면 또 늦어도 산책 또 하지, 하여튼 잘 먹이니까……. 개가 좋은 게 아니고 내가 좋은 거라고요.

상담자 81: 예, 예, 서로에게 도움이 되죠.

내담자 81: 그러다가 갔는데 이제, 가고 나서 마음이 한참 아팠는데 개는 아주 최선을 다해서 잘 살아서 버틴 거죠.

상담자 82: 그렇죠.

내담자 82: 그래서 위안을 삼아요. 너는 살 수 있는 명대로 끝까지 잘 살았기 때문에 그걸 위안을 삼고.

**상담자 83**: 그렇죠.

**내담자 83**: 잘 극복해 나갔어요.

**상담자 84**: 예, 지금 고양이 이야기 했고, 개 이야기를 했어요. 고양
이가 다쳐 가지고 새끼가 땡볕에 있고 어미도 곁을 떠나
지 못하고.

**내담자 84**: 예, 너무 마음이…….

**상담자 85**: 그러면서 마음이 굉장히 아파요. 그런데 다른 사람들은
그냥 지나가기도 해요. 그리고 강아지 역시 다쳐 가지고
출근길을 뒤로하고 병원에 데려가고, 그 과정을 거치면
서 잘 키웠어요. 즉, 내가 어두운 경험이 많다 보니까, 마
음의 상처들이 많이 자리 잡고 있다 보니까, 힘들어하는
그런 것을 보면 그냥 넘기지 못하는 거예요. 선생님이 그
걸 보면서 '얼마나 힘들까.', 내가 받은 상처를 되돌아보
게 되고 '도와주어야 되겠다.' 이런 마음. ("예.") 그렇기 때
문에 그와 같은 행동을 했던 거고. 그리고 그와 같이 보
살펴 주려고 음식도 갖다주고 했던 것은 내가 편하기 위
해서 했던 거예요.

**내담자 85**: 맞아요.

**상담자 86**: 그걸 안 하면 더 힘들어져요. 그래서 거기까지예요. 그
리고 고양이가 이틀째 안 보인다. 그것도 거기까지고, 내
가 할 수 있는 최선을 다 했던 거예요. 내 마음이 편하
고자……. 그래서 다른 곳에 가서 잘 살고 있겠지, 이렇
게 생각하시면 좋지 않을까 생각해요. ("예.") 다행히 지

금 선생님이 상담 이후 면접도 가서 보시고, 3개월짜리, 그럼 나 안 해, 그리고 11월 달에 다시 면접.

내담자 86: 1년 자리한다고.

상담자 87: 1년 자리할 거야, 선택을 했다는 거예요. 일자리도. ("예.") 잘하셨고 이제 선생님이 바라는 밝은 부분 쪽으로 그림을 그려 가면서 건강 유지하면서 잘 지내시면 좋지 않을까 생각해요. 그래서 항상 세 가지, 잘 먹고, 잘 자고, 잘 배설하고……. 이게 건강하게 삶을 마무리할 때까지, 30년 동안 이것을 잘하시면 좋지 않을까. ("예.") 건강을 유지하는 비결이에요. ("예.") 세 가지 잘하는 게, 그래서 불안과 긴장을 내려놓으시고, 결국은 불안과 긴장이 있다는 것은 집착을 하기 때문에 그래요. 생각이 자꾸 그쪽으로 머물러 있다 보니까……. 그래서 이제는 다 내려놓으시고, 어제까지의 삶은 어제의 삶이고, 오늘하고 내일, 모레, 다가오는 시간이 중요하다 생각하시고, 오늘을 행복하게 사는 거예요. 오늘이 행복해야 내일도 행복하고 한 달, 1년 뒤도 행복한 거예요. 그래서 항상 행복하고 기쁘게 살면……. 선생님이 행복하고 기쁘게 살아야지 아들도 편할 것이고, 선생님 친구분들도 편안할 거예요. 그리고 친구는 수면제 먹고 있고, 선생님은 텔레비전 켜고 자는데, 수면제를 먹고 자는 친구에게 상담받으라고 해요. 수면제 먹는 것은 바람직하지 않아요.

내담자 87: 그런데 이제 사람들이 우울증이 있기는 있을 텐데, 자기

네는 그 정도는 아니라고 하는데 답답한 거죠. 수면제 약 먹을 정도면.

상담자 88: 그럼요.

내담자 88: 정상적인 거는 아닌 거 같은데, 오히려 내가 정상인 거 같애. ("예.") 그런데 지들은 아니라잖아.

상담자 89: 그건 그 사람들 생각이에요.

내담자 89: 아주 얼마나 똑똑하고 잘났는지 몰라.

상담자 90: 그렇죠. 그러면 그렇게 살다 가는 거예요. 본인이 아니라고 하는데…….

내담자 90: 예, 맞아요.

상담자 91: 그러면 제가 과제를 다루어 볼게요. ("예.") 산책은 지금 하고 계시나요? ("예.") 아주 잘하고 계시고, 햇볕도 쐬시고 있고요?

내담자 91: 햇볕은 쐬고 있는데 요즘에는 너무 뜨거우니까, 아주 햇볕에 나가는 게 고통스러워서, 아침에 에어로빅, 틀림없이 하고 실내에서 또 기계체조가 또 있어요. 헬스 하는 거 있고, 낮에는 뜨거워서 아예 못 나오겠더라고요.

상담자 92: 그렇죠. 음, 기계체조……. 그 정도만 하면 돼요. 그리고 낮에 일부러 나올 거 없어요. 오히려 햇볕이 뜨거우면 힘들어져요.

내담자 92: 너무 힘들어요.

상담자 93: 예, 내 삶의 질을 높이려고 햇볕을 쐬는 거지. 그래서 일부러 쐬지 마시고 아침에 에어로빅 갈 때 그때 햇볕을 자연스럽게.

**내담자 93:** 그때 햇볕이 있으니까.

**상담자 94:** 그 정도면 돼요. 그리고 낮에 다니실 때에는 선글라스를 끼시고 ("예.") 그게 녹내장, 백내장 예방하는 데 도움이 돼요. 자외선 차단하는 데.

**내담자 94:** 이게 밖에 나가면 색깔이 변해요.

**상담자 95:** 예, 예, 아주 잘하시고 있어요. 그래서 그렇게 하시고, 물은 더 드시나요?

**내담자 95:** 예, 안 잊어 먹고 열심히 실천하려고 하고 있어요.

**상담자 96:** 예, 예, 물이.

**내담자 96:** 사실은 물을 많이는 안 먹었거든요. 그래서 물을 많이 먹으라고 그랬지, 그리고 이제 물을 자주 먹으려고 하고 있어요.

**상담자97:** 예, 예, 물이 건강에 많이 도움이 돼요. 특히 신장 기능을……. 콩팥에서 노폐물을 걸러 주잖아요. 그 기능을 강화시켜 주고. 그리고 나쁜 노폐물들을 물이 순환하면서 배설시켜 줘요. ("예.") 그러기 때문에 물을 마시고 싶을 때 드세요. ("예.") 그렇게 하시고, 나 스스로 칭찬하기는 하고 있고요?

**내담자 97:** 물은 요즘에는……. 지난주부터는 대단하다고……. 그렇게 하고 있는 편이에요.

**상담자 98:** 그렇죠. 대단하시죠.

**내담자 98:** 대단하다고, 알코올중독자가 어떻게 술을 참어 이렇게 하면서.

상담자 99: 그렇죠.

내담자 99: 신기해하고 맨날……. 오늘밤에 술 안 먹었다. 이러고 자
고 ("예.") 밤마다 이 시간에 술 먹고 잠이 들었을 시간인
데, 그리고 신기하고…….

상담자 100: 그렇죠.

내담자 100: 신기해요.

상담자 101: 하하하. 건강이 점차 좋아지실 거예요. 그리고 선물 주
기도 하시고요.

내담자 101: 선물 주기는 그냥 먹는 거 잘 먹고 있으니까.

상담자 102: 예, 예, 먹는 것도 먹는 거지만 편안한 공간에 누구의
간섭도 받지 않고, 몸과 마음을 편안하게 10분이고 20
분이고 쉬고 싶다, 이런 시간을 나한테 주어도 선물 주
는 거고. 좋아하는 텔레비전 프로그램 보는 것도, 나 이
거 잘했으니까 나한테 선물 주는 거야, 의미를 붙이는
거예요. 생활에서. ("예.") 꼭 먹는 거, 사는 거 그런 것보
다도 내 생활에서 무언가 하고 싶은 것을 하면, 그게 나
한테 선물 주는 거다. ("예.") 그렇게 하시고, 그리고 아
들 칭찬하기는 하시나요?

내담자 102: 칭찬은 대놓고는 안 하고, 그냥 상냥하게 해요.

상담자 103: 예, 예, 잘하시고 계시네요.

내담자 103: 그냥 편하게 해 주려고 하고 있어요.

상담자 104: 예, 그리고 담배 끊기는 시도를 하고, 술은 안 먹고.

**내담자 104:** 술은 안 먹어도 돼, 이제 아주 안 먹어도 될 것 같아요.

**상담자 105:** 예, 예, 아주 잘하고 계세요.

**내담자 105:** 저녁이 되면 술 생각이 나잖아요. 요즘에는 안 나요. 희한해, 지금 엄청 신기하거든요.

**상담자 106:** 그렇죠. 음, 과제를 잘하셨고, 이제 여기에다가 새로운 과제를 더 내 드릴게요. 그리고 다음 상담이 마지막 상담이에요. ("예.") 그래서 생각해 보시라고……. 나는 누구인가, 왜 사느냐고 묻는다면…….

**내담자 106:** 적는 거 저 주실 수 있죠?

**상담자 107:** 따로 적어드릴까요?

**내담자 107:** 따로 적어야 되는 거예요? 그럼 내가 적을까.

**상담자 108:** 행복이란……. 이 세 가지 과제를 더 내드릴게요. '나는 누구인가?', '왜 사느냐고 묻는다면?', '행복이란……?' 다음 상담도 역시 8월 8일인가요?

**내담자 108:** 8일요. 예, 금요일.

**상담자 109:** 예, 금요일 10시. ("예.") 그때가 마지막 상담이에요. ("예.") 그리고 평상시 궁금한 것 있으면 다 적어 놓았다가 그날 와서 물어보세요. 혹시 궁금하거나 의문 사항이 있나요?

**내담자 109:** 궁금한 거는 모르겠고, 감동 같은 거. 혼자 감동……. 이렇게 그러셨구나, 하시는 말씀이 감동……. 그리고 내가 거기에 만족하고 고치려고 애쓰고, 그렇게 되고……. 궁금한 거는, 궁금한 거는 몰라서, 이제 몰라…….

**상담자 110:** 그렇죠. 그리고 생활하다가, 이런 것은 어떻게 하면 좀 더 나은 방법을 찾을 수 있을까, 그런 것들이 있으시면 다 적어났다가 ("예.") 다음 시간이 마지막 시간이니까 다 물어보세요. ("예.") 그리고 또 전국민 마음투자 지원사업은 내년에 다시 신청할 수 있어요. 1년에 한 번밖에 안 돼요. 계속 이어서 신청하는 게 아니에요. ("아.") 그리고 주변 사람들에게도 우울하거나 여러 가지 근심, 걱정이 많은 사람들 상담받아 보라고 권장해 줘요. 그러면 그들의 삶의 질이 높아져요.

**내담자 110:** 복지회, 수요 밥상이라고 있는데, 거기 아저씨 한 분이 아줌마가 돌아가셨나 본데, 지병으로다가 돌아가셨는데. 아저씨가 우울증이 있으신 거 같아. 그분을……. 저는 동사무소에서 우울증 검사가 있어서 이렇게 연결이 되었는데, 인터넷 연결 이런 거를 할 줄을 몰라 가지고……. 그 할아버지 성함을 물어보고 좀 이렇게 알려드리면 좋겠는데. 그분을 어떻게, 직접 모시고 오면 안 되고, 절차를 저처럼 밟아야 되는 거잖아요.

**상담자 111:** 그렇죠. 그래서 선생님이 할 수 있는 부분은 이런 게 있다. 알려 주는 거예요. 그리고 동사무소, 선생님이 갔던 것처럼, 거기를 한번 가 봐라, 그러면 거기서 절차를 알려 줄 거다.

**내담자 111:** 아, 거기 바우처 그거를 손에 쥐여 드리고 동사무소 가서 우울증 검사 받아 보시라고, 그러면 되겠네, 저처럼. 그날은 검사가 있었던 날이거든요. 동사구소에, 그러니까 동사무소에 우울증 검사하고 치매 검사가 있더라고요. 한 번씩 몇 월, 몇 월인지 그걸 알아보고 어르신한테 알려 드려야 될 것 같네요.

**상담자 112:** 그냥 편하게 본인이 이래서는 안 되겠다는 생각이 들면, 상담이든 무슨 방법을 찾게 될 거예요. 그래서 선생님은 알려 주는 거까지⋯⋯. 이런 것이 있다. 내가 상담을 받으니까 도움이 많이 됐다. 여기까지만 하시고, 리플릿을 드리세요.

**내담자 112:** 그거 드렸어요.

**상담자 113:** 잘하셨어요. 그렇게 해서 주변 사람들에게 도움이 되는⋯⋯. 행복하게 살아가도록 선생님이 전파하시는 것 같아요. ("호호호.") 아주 좋은 일 하고 있어요. 지역 주민들에게⋯⋯. 또 다른 궁금한 거 있으신가요?

**내담자 113:** 아니에요. 다음에 궁금한 것 있으면 제가 메모해 올게요.

**상담자 114:** 예, 예, 여기서 마치도록 할게요.

**내담자 114:** 예, 고생하셨습니다.


텔레비전을 켜 놓고 자면 수면의 질이 낮아지게 된다. 깊은 잠을 자지 못하게 되어, 아침에 일어났을 때 피로감을 더 느낄 수 있으며, 일상생활에서 집중력이 낮아지기도 한다. 텔레비전 불빛의 영향으로 각종 건강 문제가 발생할 수 있는데, 생체리듬에도 혼란을 주며, 수면주기가 불규칙하게 되는 원인이 되기도 한다. 또한 수면 부족은 면역체계를 약화시키는 등 신체 건강을 악화시키며, 다양한 건강 문제를 일으킬 수 있다. 오랜 기간 텔레비전을 켜 놓고 잠을 자게 되었다면 서서히 변화를 주어서, 끄고 자는 습관을 갖도록 해야 한다. 그리고 잠들기 전에 혼자 술을 마시는 습관은 알코올의존도를 높이기에 피해야 한다.

　내담자는 과거의 어려움을 주변 사람들의 탓으로 돌리며, 자신의 행동은 합리화를 하며 살아오고 있었다. 상담을 받으면서 지나온 삶을 되돌아보게 되었으며, 때문에 보다는 덕분에, 과거보다는 현재와 미래를 생각하게 되었다. 이와 함께 오랜 기간 의존하던 술을 안 먹게 되었으며, 타인을 배려하는 마음이 생기는 등 스스로 변화하는 모습에 놀라워하고 있었다.

# 6. 상담에 대한 평가

## 1) 상담의 효과

내담자는 상담 초기에는 자신의 틀 안에 스스로 가두고, 문제의 원인을 외부에서 찾았으나 상담이 진행되면서 현실을 직시하고 자각과 통찰을 통해 틀 밖으로 나오기 시작했다. 상담 후 내담자는 불안과 분노와 긴장이 해소되는 것을 체감하게 되었으며, 이로 인해 삶의 질이 높아지게 되었다. 또한 30년 동안 의존해왔던 술을 안 마시게 되고, 아들에게 간섭을 하지 않으며, 집 안에서 스트레스를 받지 않게 되었다. 몸과 마음의 건강을 위해 산책하기, 햇빛 쬐기, 즐거운 경험하기 등을 지속적으로 하는 생활의 변화가 나타났다.

## 2) 내담자 입장의 상담효과

상담 전에는 자신의 문제가 너무 커서 우울하고 남의 탓을 많이 하고 주변을 돌아보지 못했다. 불안, 긴장, 피해의식, 서글프고, 눈물이 나고, 자다가 벌떡 일어나는 등 마음 다스리기가 힘들었다. 잠들기 전에 매일같이 술을 마시고, 텔레비전을 틀어 놓고 잤다. 또한 아들의 행동에 간섭을 하게 되며, 아들이 말대꾸나 이야기를 하면 긴장되고, 화도 나고 스트레스를 많이 받고 있었다.

상담 후 얼굴 표정이 밝아지고, 주변 사람들과 잘 지내고, 아들과의 관계도 좋아졌다. 30년 동안 술에 젖어 살았었는데 끊게 되었으며, 담배도 줄이게 되었다. 불안과 긴장, 피해의식이 줄어들고 잠을 잘 자게 되었다. 스트레스도 덜 받으며, 감사하는 마음이 생기기 시작했고, 과제를 이행하면서 하고자 하는 의지가 생기게 되었으며, 긍정적으로 변화하는 것을 체감하게 되었다.

### 3) 상담자의 자기 평가

필자(임향빈)가 창안한 관계형성 이론을 중심으로 다양한 기법을 활용해 내담자의 긍정적 변화를 위해 상담에 임했다. 8회기 상담을 진행하면서 그 내용을 초기, 중기, 종결기로 구조화시켜, 회기별 목표를 가지고 접근했다. 내담자의 자아 기능을 강화시키고, 현실적이고 수용적인 태도를 갖도록 했다. 또한 무의식에 자리 잡고 있는 미해결 과제, 걸림으로부터 오는 심리적 고통의 해소와 내담자의 심리에 영향을 미치는 아들과의 관계개선을 위해 조력했다.

초기에는 우호적 상담관계 형성과 탐색을 했고, 중기에는 직면과 둔감화를 통해 자각과 통찰을 유도했으며, 욕구강화형성을 했다. 종결기에는 애도 기간과 긍정적 변화의 과정에 대해 논했으며, 내담자의 상담욕구를 충족시켜 주었다.

상담 후 내담자는 심리적·정서적·정신적으로 안정되었고, 현실을 직시하며, 유연하게 대처하게 되었다. 아들과의 관계는 성숙한 대처로 인해 스트레스가 감소되었다. 과거의 어두운 그림자로부터 벗어나 현재와 미래의 삶을 중시하게 되었다. 또한 건강을 위해 30년 넘게 의존하던 술을 마시지 않게 되고, 담배도 줄이고, 산책과 햇빛 쐬기 등 생활습관이 바뀌었고, 삶의 질이 향상되었다. 따라서 내담자의 상담에 대한 욕구 충족과 긍정적 변화가 나타났으며, 상담자로서 보람을 느낀다.

### 4) 함께 생각해 볼 과제

본 사례는 '전국민 마음투자 지원사업'으로 8회기 상담한 사례다. 내담자를 처음 만나게 된 것은 2025년 6월 20일 오후였다. 내담자는 삶의 과정에서 겪은 어두운 그림자로 인해 화병, 우울, 긴장, 불안, 피해의식, 서글픔, 자다가 벌떡 일어나는 등 심리적·정서적·정신적 어려움을 이야기했다.

필자는 상담 목표를 '분노, 불안, 긴장 해소와 삶의 질 향상'으로 정하고 목표에 초점을 맞추어 상담을 했다. 초기, 중기, 종결기로 상담 내용을 구조화했으며, 각 회기마다 다양한 기법을 활용했다. 내담자는 상담을 받으면서 몸과 마음이 회복되고, 변화하고 있음을 체감했다. 상담을 받지 않았다면 어두운 생각에 의해 삶의 질이 점차 낮아져 어려움에 처했을 것이다.

내담자에 의하면 "상담을 받으면서 느낀 점이 많았어요. 아들로부터 스트레스를 덜 받게 되고, 화와 분노, 서글픔이 줄어들게 되었어요. 전에는 술 먹는 시간을 기다렸는데, 술에 젖어 살았는데 상담 덕분에 끊게 되었어요. 담배도 줄이고, 잠도 잘 자고, 과제도 잘하고 있고요."

라고 했다. 상담을 통해 변화된 부분에 대해 나누고, 행복한 삶을 위한 조력을 했으며, 지지와 격려 등을 하면서 마무리했다. 상담 후 내담자는 자신이 만든 틀에서 벗어나 새로운 틀을 형성하게 되었으며, 이로 인해 삶의 질이 향상되었다.

'전국민 마음투자 지원사업 심리상담 표준매뉴얼'(2024: 87)[2]에 의하면 '내담자의 증상 유형 및 심각도에 따라 가장 효과적인 심리상담 서비스를 제공하고 향상 정도를 모니터링하기 위해 사전·사후 평가를 실시해야 한다.' 따라서 상담 1회기와 8회기에 우울, 불안, 자살위험성에 대해 평가를 실시했다. 상담 초와 상담 후의 임상 척도 변화는 다음과 같다. 우울증 건강 설문 (PHQ-9) 척도는 상담 초 23에서 상담 후 1로, 일반화된 불안장애 척도(GAD-7)는 20에서 1로 낮아졌다. 자해 및 자살 위험성 질문지(The P4 Screener)는 낮음에서 거의 없음으로 의미 있는 변화가 나타났다.

---

2  '전국민 마음투자 지원사업 심리상담 표준매뉴얼'(2024: 87)에 의해 평가도구 3가지 검사를 사전, 사후 검사에 필수적으로 해야 한다.
  - 박승진 외, (2010), 「우울증 선별도구(Patient Health Questionnaire-9, PHQ-9)」
  - Spitzer et al., (2006), 「일반화된 불안장애 척도(Generalized Anxiety Disorder-7, GAD-7)」
  - Dube et al., (2010), 「자해 및 자살 위험성 질문지(The P4 Suicidality Screener)」

　　　　　심리상담 사례 분석의 실제

| 구 분 | 우울증 건강 설문<br>(PHQ-9) | 불안장애 척도<br>(GAD-7) | 자해 및 자살 위험성 질문지<br>(The P4 Screener) |
|---|---|---|---|
| 사 전 | 23 | 20 | 낮음 |
| 사 후 | 1 | 1 | 거의 없음 |
| 변 화 | - 22 | - 19 | 변화 있음 |

　필자가 창안한 관계형성 이론을 중심으로 상담을 했으며, 내담자의 변화를 위해 인간중심 이론 등을 활용했다. 상담자는 상담 과정에서 편견에 치우치지 않으려고 노력했으며, 내담자 중심의 상담을 했으며 긍정적 변화를 이끌어 냈다. 따라서 관계형성 이론이 상담자와 심리상담을 배우고자 하는 후학들에게 도움이 되기를 바라며, 우리나라의 심리상담 발전에 이바지했으면 좋겠다.

# 찾아보기

심리상담 사례 분석의 실제